3·1운동에 앞장 선 여성들

3·1운동에 앞장 선 여성들

김마리아 권애라 김향화 박자혜

독립기념관 한국독립운동사연구소
한국역사연구회·역사공장 공동기획

책머리에

  3·1운동 100주년을 맞이하여 3·1운동에 앞장섰던 4명의 여성 독립운동가를 오늘에 다시 만나기 위해 이 책을 썼다. 이 책은 독립기념관 독립운동사연구소와 한국역사연구회·역사공장이 함께 기획했다.

  이 책에 소개하는 김마리아, 권애라, 김향화, 박자혜는 1919년 3월 1일 다른 공간, 다른 위치에 있었지만 자신들이 있는 삶의 현장에서 3·1운동에 앞장섰다. 김마리아는 도쿄 유학 여학생으로서 2·8독립선언식에 참석한 후 국내로 들어와 여성들의 운동을 조직했다. 권애라는 유치원교사로서 개성에 독립선언서를 배포하고 여학교를 거점으로 3·1운동을 주도했다. 김향화는 수원에서 기생을 창기와 동급으로 만든 일제에 저항하여 기생들의 3·1운동을 주도했다. 박자혜는 서울에서 조선총독부의원에서 간호사로 일하던 중 간호사들이 3·1운동에 참여하는 데 앞장섰다.

  이들은 누구의 딸, 누구의 아내, 누구의 어머니로서가 아니라 각자 삶의 현장에서 자립적으로 분연히 일어선 근대 여성들이었다. 3·1운동을 전 민족적인 항일독립운동으로 만드는 데에는 이들과 같은 여성들의 활동이 있었다. 독립운동은 특별한 사람들의 일이 아니라 보통 사람, 보통 여성들이 현실을 마주하여 물러서지 않는 용기와 양심에 의해 이루어진다는 것을 4명의 여성들은 보여주었다.

여성독립운동가를 민족과 국가라는 거창한 이름으로 기억하기 전에 여성들의 삶의 현장에서 기억되기를 바란다. 독립운동은 식민지 근대를 살아간 여성들의 삶의 현장이었다. 자신들이 사는 현실이 일제의 식민지인 것을 자각한 여성들이 물러서지 않는 주체적인 삶을 선택한 곳에 독립운동이 있었다. 여성이 사회를 인식하고 시대와 함께 하는 삶을 선택했을 때 새로운 시대가 열렸다. 3·1운동은 그러한 여성들이 역사의 전면에 대거 등장한 사건이었다. 3·1운동의 현장에는 알려지지 않은 많은 여성들의 불꽃같은 삶이 있었다.

이 책에서 알려지지 않은 많은 여성독립운동가를 상상하며 시대와 함께했던 3·1운동의 여성 선배들을 만나길 바란다. 그들의 용기와 양심이 100년의 시간을 넘어 삶의 불꽃을 피우고 있는 이 시대 모든 보통 사람들의 마음에 오롯이 전해지면 더 없이 기쁘겠다.

2019. 11
저자를 대표하여 이지원 씀

차례

책머리에   4

여학생의 탄생
김마리아
| 김정인 |

  기독교와 근대교육을 배경으로 성장하다   10
  도쿄의 독립선언식과 서울의 만세시위에 참가하다   21
  여성도 국민임을 행동으로 보여주다   38
  임시의정원 최초의 여성 의원이 되다   55
  배움의 열망으로 이역만리의 삶을 이겨내다   62
  감시받는 삶이 끝나다   77

개성의 첫 시위를 이끌다
권애라
| 이지원 |

  근대교육을 받으며 성장하다   90
  개성의 3·1운동을 촉발하다   99
  여성해방과 여성교육을 웅변하다   112
  국내외를 오가며 독립운동을 하다   119
  시대와 일제에 저항하다 고통을 겪다   136
  해방 후 고단한 삶을 살며 잊혀가다   153

수원 기생 김향화와 3·1운동에 나선 기생들
김향화
| 소현숙 |

    김향화와 수원 기생들 만세운동에 나서다   168

    기생들, 만세운동의 대열 속 뛰어들다   181

    기생들은 왜 만세운동을 했을까   193

    기생들, 그들의 위치에서 저항하다   209

사회인·직업인으로서 박자혜의 삶과 민족운동
박자혜
| 예지숙 |

    간호부와 산파, 민족운동에 참여하다   222

    궁녀가 되다   224

    근대교육을 받다   228

    간호사 겸 산파가 되다   234

    3·1운동으로 변화하다   254

    독립운동에 투신하다   267

찾아보기   280

여학생의 탄생

김마리아

김정인

기독교와 근대교육을
배경으로 성장하다

소래마을 기독교 집안에서 태어나다

김마리아는 1892년 7월 11일 황해도 장연군 대구면 송천리에서 태어났다. 그녀의 집안은 개간으로 많은 농지를 일군 지주가였다. 1861년생인 김마리아의 아버지 김윤방은 김몽은과 결혼해 함라, 미렴, 마리아 세 딸을 낳았다. 김윤방은 셋째 딸 김마리아가 태어난 해에 기독교인이 되었는데, 2년 후 1894년에 병을 얻어 34살의 나이로 세상을 뜨고 말았다. 큰언니 함라는 1887년생으로 연동여학교를 졸업했다. 그는 장로교 최초의 신학박사인 남궁혁南宮爀과 결혼한 뒤, 남편과 함께 중국 상하이로 망명해 독립운동에 투신했다. 1889년에 태어난 작은언니 미렴은 세브란스의학전문학교 졸업생인 방합신方合信과 결혼했다. 방합신은 황해도 신천에서 신애병원을 운영했는데, 서양의학의 한계를 극복하기 위해 한의학을 공부한 의사로 주목을 받았다.

송천리는 우리말로 소래마을이라 불렀는데, 서해 바다에 잇닿은 아름다운 절경을 자랑하는 마을이었다. 특히 소래 해변은 서해

쪽 휴양지로 유명했다고 한다. 기독교 지도자였던 전택부는 소래 마을의 풍경을 다음과 같이 묘사했다.

> 샘이 소나무 울창한 계곡에서 콸콸 솟아올라 큰 내를 이루고, 그 내가 문전옥답에 물을 넉넉히 대어주면서 황해로 흘러 들어간다. 바닷가에도 소나무 숲이 울창하다. 그 소나무 숲이 바닷가의 백사장과 바다와 서로 어울려 절경을 이루고 있다. 거의 4킬로나 계속되는 이 백사장에는 해당화가 만발하고 그 하얀 모래는 어찌나 섬세한지 한 줌 손으로 움켜잡으면 어느새 다 새어나가고 만다는 것이다. 또 그 모래는 운모질이 많아서 일정日政 때 중국 대련에 있던 아사히 유리 회사가 여기서 모래를 실어다가 유리를 만들었다는 것이다. 샘은 또 어찌나 깨끗하고 시원한지, 한여름 피서 왔던 외국인들마저 소래 물을 퍼다가 생수로 마셨다는 이야기다.

소래마을은 한국인이 처음으로 교회를 세운 곳이다. 그곳에 기독교를 전파한 사람은 평안북도 의주 출신의 서상륜과 서경조 형제였다. 서상륜은 스무 살이 넘어 중국 만주를 오가며 인삼 장사를 했다. 1878년 만주에서 장티푸스에 걸렸을 때 영국 선교사 매킨타이어J. McIntyre의 치료로 완치된 후 기독교에 입문하여 이듬해에 로스J. Ross 목사에게 세례를 받았다. 그리고 중국 선양瀋陽에서 이응찬과 함께 신약성서를 우리말로 번역하는 작업을 했다. 1882년에는 한글 성경 『예수성교누가복음전서』와 『예수성교요한복음전

서상륜(왼쪽)과 서경조(오른쪽)

서』를 출판했다. 서상륜은 1883년에 입국하려다가 체포되었으나, 의주부 관리이자 기독교인 김효순의 도움으로 탈출에 성공했다.

서상륜은 동생 서경조와 가족을 데리고 당숙이 살고 있는 황해도 장연군 대구면 구미리로 피신했다. 서씨 형제는 그곳에서 8km 떨어진 소래마을의 유지 김언순 집안과 가까이 지내며 그 집안의 후원을 받아 기독교 전파에 나섰다. 이처럼 서상륜은 만주에서 서양인 목사에게 세례를 받고 성경 번역 작업을 한 후 국내에 들어와 전도를 시작했는데, 이는 서양 선교사들의 국내 활동보다 앞선 것이었다. 이승훈이 중국 베이징北京에서 세례를 받고 돌아와 신부들의 도움 없이 자력으로 천주교회를 연 것과 마찬가지로 기독교 역시 한국인 스스로 먼저 받아들인 셈이었다.

1884년 서경조는 본인의 집에 예배당을 열었는데, 이듬해에 그곳에 모인 교인 수가 300명을 넘었다. 서경조가 예배당을 연 지 몇 달 후에 최초의 의료 선교사인 알렌H. N. Allen이 입국했다. 1885년에는 최초의 감리교 선교사인 아펜젤러H. G. Apenzeller와 최초의 장로교 선교사인 언더우드H. G. Underwood가 입국했다. 서경조는 서울로 가서 언더우드에게 세례를 받았고, 언더우드는 1887년 소래마을에 내려와 7명의 마을 사람들에게 세례를 베풀었다. 서경조의 둘째 아들인 서병호는 한국인 최초로 유아세례를 받았다.

아펜젤러

이후 소래마을은 외국인 선교사라면 반드시 들러야 하는 성지와 같은 곳으로 여겨졌다. 1888년에는 언더우드와 아펜젤러가 찾아왔고, 1889년에는 게일J. S. Gale 목사도 찾아왔다. 1894년에는 새로 입국한 매켄지W. J. Mackenzie 목사가 찾아와 소래교회의 담임을 맡았다. 그는 동학농민전쟁 당시 장연 읍내를 점령하려는 동학농민군의 지도자를 서경조와 함께 면담하기도 했다. 김언순의 집안사람들도 매켄지를 집으로 초대해 식사를 대접하거나 선교 시에 그와 동행하는 등 매켄지의 선교사업을 도왔다.

1895년 2월부터는 서경조와 김언순 일가가 중심이 되어 교회를 짓기 시작했다. 교인들은 건축헌금을 냈으며 목재를 준비하고 노동력을 무상으로 제공했다. 선교사나 외부의 지원 없이 8칸짜리

1895년의 소래교회 모습

기와집인 교회를 지어 1895년 6월 9일 첫 예배를 드렸다. 그런데 매켄지가 교회 완공 직전에 일사병과 신열로 인한 정신 이상 상태에서 권총으로 자살하여 김마리아의 아버지는 마을 기독교인들과 장례를 치르는 일도 있었다. 매켄지 사망 이후 언더우드가 소래교회 담임목사가 되었다. 언더우드는 서경조를 장로에, 김마리아의 숙부 김용순을 집사에 임명했다.

김마리아의 숙부 김용순은 김언순과 함께 한학을 공부했으나, 서상륜 형제의 영향을 받아 기독교인이 되었다. 1895년 6월 소래마을에 지은 교회에서 첫 예배를 드릴 때 누이 김필례와 함께 세례를 받았다. 쌀장사로 큰돈을 번 김용순은 1903년경 소래마을을 떠나 서울로 이사했다. 그는 동생 김필순과 함께 세브란스병원 앞에서 김형제상회를 열었는데, 김형제상회는 신민회의 모임 장소로도 쓰였다.

김필순

김필순은 1877년생으로 언더우드의 권유로 17살에 서울로 유학하여 배재학당을 졸업했다. 1899년에는 제중원 책임자인 샤록스A. M. Sharrocks 박사의 조수로 일했고, 1908년에는 제중원의학교를 졸업했다. 졸업 후 그는 세브란스병원 시약소의 책임자를 맡았으며, 간호원양성소에서 학생들을 가르쳤다. 그리고 에비슨O. R. Avison 박사를 도와 많은 서양 의학서를 한국어로 번역했다. 김필순은 정경순과 혼인해 4명의 자녀를 두었는데, 김마리아는 김필순의 둘째 딸 김세라와 가까이 지냈다. 김세라는 언더우드의 중매로 소래마을 기독교 집안 출신 의사 고명우와 결혼했다.

숙부 외에도 김마리아에게는 3명의 고모가 있었는데, 모두 기독교인이었으며 근대교육을 받고 활발한 사회활동과 독립운동을 펼쳤다. 첫째 고모 김구례는 서경조의 아들인 서병호와 결혼한 후 상하이로 망명했다. 서병호는 신한청년당을 결성하고 임시의정원 의원으로 활약하는 등 독립운동에 투신한 인물이다. 둘째 고모 김순애는 정신여학교를 졸업하고 교사로 근무하다가 중국으로 건너갔다. 만주를 거쳐 난징에서 명덕여자학원을 다니던 중에 독립운동가 김규식과 결혼하고 독립운동에 투신했다. 셋째 고모 김필례는 정신여학교와 일본 동경여자학원을 졸업한 뒤 미국 유학을 다녀온 인물이다. 기독교 사회운동에 앞장서면서 전국적 여성단체인 근우회의 간부로도 활동했다. 세브란스의학전문학교 3회 졸업생으로 YWCA의 창설자 중의 한 사람인 의사 최영욱과 결혼했다.

부모를 잃고 서울에서 생활하다

8살이던 1899년 김마리아는 해서제일학교에 입학했다. 이 학교는 1895년 2월 매켄지가 소래교회 부설로 세운 교육기관이었다. 매켄지 사망 후 그의 유산과 교인들의 기부금을 합쳐 18칸의 학교로 증축하고, 남녀 소학교와 고등과를 병설했다. 서상륜의 동생 서상봉과 이국보가 교사로 근무하며 신학문을 가르쳤다. 성경, 한글, 천자문, 습자, 작문, 산술 등의 과목이 있었다. 언더우드는 전국을 순회하다가 소래교회에 들릴 때마다 선물을 가지고 왔다. 김마리아는 6개월 만에 상급생을 제치고 전교에서 1등을 하고, 고모인 김필례는 2등을 했다. 김마리아는 1903년 12살의 나이로 해서제일학교를 졸업했다.

김마리아의 어머니는 남편이 사망하자 본가 인근에 분가하여 살았다. 하지만 김마리아가 14살이던 1905년 12월 어머니마저 세상을 떠나고 말았다. 당시 김용순, 김필순 두 숙부가 서울로 이사해 살고 있었고, 큰언니 김함라도 서울에서 학교를 다니고 있었다. 세상을 뜨기 전에 어머니는 가족들에게 "삼형제 중에 위로 둘은 못 하더라도 마리아만큼은 반드시 외국 유학을 시켜달라"고 부탁했다. 어머니 장례는 선산에 분묘를 쓸 수 없어 초빈만 해놓고 1906년 3월에 정식으로 장례를 치렀다.

어머니의 장례를 치른 다음 달에 김마리아와 김미렴은 소래마을을 떠나 숙부들이 살고 있는 서울로 갔다. 이때 김용순은 서우학회 일을 하며 김형제상회를 운영하고 있었고, 김필순은 세브란스 병원을 다니고 있었다. 서우학회는 1906년 10월 황해도 지역 인사들을 중심으로 국민교육회, 대한자강회, 황성기독교청년회와 전·현직 무관그룹 등이 모여 만든 계몽운동단체였는데, 김용순은 12명의 발기인 중 한 사람으로 참여했다. 한편 김형제상회는 신민회의 모임 장소였다. 1907년 미국에서 귀국한 안창호는 김형제상회를 거점으로 신민회를 이끌었다.

김필순은 신민회 활동을 펼치다가 1911년 '105인 사건'이 발생하자 그해 12월에 중국으로 망명했다. 퉁화현 퉁관潼關에 정착한 김필순은 병원을 운영했다. 그리고 여동생인 김필례에게 연락해 어머니, 아내, 자녀는 물론 여동생인 김순애까지 중국으로 이주시켰다. 1916년에는 몽골 근처 치치하얼齊齊哈爾로 옮겨 병원을 개업했다. 그는 중국 국적을 얻고 땅을 사들여 한인 30여 가구를 받아들였다. 그리고 이번에는 형 김용순을 불러들여 한인들과 건설

이화학당

한 농장을 감독하도록 했다. 김필례와 최영욱 부부도 이주시켜 병원 일을 돕도록 했다. 그러나 치치하얼에서 3·1운동을 맞은 김필순은 그해 8월 급사하고 말았다.

1906년 6월, 김마리아는 서울에 올라온 지 세 달 만에 이화학당에 입학했고, 김미렴은 큰언니와 고모들이 다니는 연동여중학교에 입학했다. 김마리아가 보름 후 숙부 김용순에게 혼자 떨어져 기숙사 생활하는 것이 힘들다고 고백하자, 김용순은 곧 김마리아를 연동여중학교로 전학시켰다. 연동여중학교는 1887년 미국 북장로회 선교사인 엘러스A. A. Ellers가 서울 정동에 설립한 정동여학교에서 출발한 학교였다. 정동여학교는 선교사인 앨런의 집에서 시작했다. 1895년에는 연지동으로 학교를 옮기면서 연동학교로 이름을 고쳤고, 1903년에는 연동여중학교로, 1909년에는 정신여학교로 이름을 바꿨다.

학교를 졸업하고 교사가 되다

정신여학교는 이화학당처럼 기독계 학교로 '미국형 숙녀가 아닌 한국인 신자'를 교육하는 것을 방침으로 삼았다. 따라서 한글과 한문, 성경은 가르쳤지만 영어는 가르치지 않았다. 한국인으로서의 생활교육도 철저히 시켰다. 1905년에 기숙사를 신축하면서 학생 전원이 기숙사생활을 하도록 했다. 김마리아는 언니, 고모들과 기숙사 생활을 했는데, 이때 언니 김미렴, 오현관·오현주 자매, 신민회 간부 노백린의 딸 노숙경과 같은 방을 썼다. 신민회의 간부 이동휘의 딸 이의순과 이인순도 김마리아의 동기생이었다. 친구들은 한 방을 쓰는 다섯 명의 학생들을 '누룽지방 형제'라고 불렀다. 오현관이 학생으로서 기숙사에서 식사 감독을 맡았는데, 하루 세 끼 누룽지를 모아오면 다섯 명이 저녁에 그것을 먹으며 공부했기 때문이었다.

오현주의 회고에 따르면, 김마리아는 이때부터 정직한 성품을 보였다. 어느 날 누룽지를 먹으며 다시마를 몰래 가져와 반찬을 삼았는데, 김마리아의 주장에 따라 결국 그 일을 사실대로 사감에게 말하고 용서를 빌었다는 것이다. 김마리아의 학업 성적은 1, 2등을 다투었다. 정신여학교 후배인 신의경의 회고에 따르면, 김마리아는 성적이 뛰어났으며 친구들과 어울려 웃고 떠드는 일이 없이 초연한 태도로 자기 할 일만 하는 학생이었으므로 교사들의 신망이 높았다고 한다.

김마리아는 1908년 연동교회에서 밀러F. S. Miller 목사에게 세례를 받았다. 그리고 1910년 6월 18일 21명의 동기생과 함께 정신여학교 4회 졸업생이 되었다. 당시 정신여학교에서는 미국의 교육과정과 같이 6월에 졸업식을 치렀음을 알 수 있다. 김마리아는 졸업 후 곧바로 광주의 수피아여학교에 교사로 취직했다. 수피아여학교는 1908년 미국인 선교사 유진 벨Eugene Bell이 설립한 학교로, 큰언니 김함라는 이미 이 학교에서 교사로 재직하고 있었다.

1912년 가을 김마리아는 일 년간 일본에 유학할 수 있는 기회를 얻었다. 히로시마고등여학교에 입학하여 일 년 동안 영어와 일본어를 공부한 뒤, 루이스M. L. Lewis 교장의 부름을 받아 정신여학교 교사로 부임했다. 정신여학교를 졸업한 김영순의 회고에 따르면, 이때 김마리아는 수학을 가르쳤다.

도쿄의 독립선언식과
서울의 만세시위에 참가하다

여자유학생친목회를 이끌다

 1915년 4월 김마리아는 자신을 아끼며 자신에게 큰 기대를 걸고 있던 정신여학교 교장 루이스의 주선으로 다시 기독교계 학교인 동경여자학원으로 유학을 떠났다. 이 학교에는 김마리아의 고모인 김필례가 먼저 유학하고 있었다. 김마리아는 1915년 5월 동경여자학원 본과에 들어가 1916년 3월에 졸업하고 고등과에 진학했다. 줄곧 학업 성적이 뛰어나 1919년 3월에 수석으로 졸업할 예정이었다.

 김마리아가 일본에서 공부할 당시 도쿄에는 조선인유학생동우회가 활동하고 있었다. 조선인유학생동우회는 남학생 중심으로 운영되는 모임이었다. 이에 1915년 4월 김숙경, 김정화, 김필례, 최숙자 등 여성 유학생 10여 명은 김정식의 집에 모여 동경여자유학생친목회를 결성했다. 초대회장에는 김필례가 선출되었다. 회장인 김필례가 1916년 봄에 정신여학교 교사로 부임하면서 김마리아는 임시회장이 되었다. 김마리아는 첫 활동으로 기관지인 『여자계』를 발행했다. 1917년 봄에 등사판으로 창간호가 발행되었고, 6월 말에 2호가 나왔다. 편집부장은 김덕성, 편집부원은 허영숙, 황에스더, 나혜석이 맡았다. 전영택과 이광수를 고문으로 두어 편집을 돕도록 했다. 『여자계』의 발간에 대해 재일조선인유학생의 대표 잡지였던 『학지광』은 "여자 여러분들의 심각한 사상과 미묘한 문장은 남자로 하여금 우러러보지 않을 수 없게 할 만큼 그 내용이 풍부하고 그 보무가 당당하더라"고 평했다. 김마리아는 이 잡지를 통해 조선 여성이 깨어나 구습을 청산하는 데로 나아가야 한다고 주장했다. 그녀는 『여자계』 3호에 쓴 「여성교육론」에서 조선 사회에 유용한 여성교육의 필요성을 주장했다.

> 먼저 사람을 만들고 다음에 여자를 만듦이외다. 조선 여자는 조선 사회에 적합하고 유용하도록 하며, 조선 사회에 헌신할 만한 게 가르침이외다. 여자를 교육함에 먼저 할 것은 여자를 알아줌이외다. 교육자가 여자든지 (남자이면 더욱) 피교육자에 대한 명확한 이해를 가져야 합니다.

1917년 10월 17일 동경여자유학생친목회는 임시총회를 열어 회장에 김마리아, 총무에 나혜석, 서기에 정자영, 부서기에 김충의, 회계에 현덕신을 선출했다. 김마리아는 도쿄에 본부를 두고 일본 각지에 지회를 설치했다. 대상을 일본 전 지역에 유학하고 있는 여학생으로 확대하면서 회원은 40명으로 늘어났다.

2·8독립선언식에 참가하다

3·1운동에서 학생들은 운동세력으로서 역사에 처음 등장했다. 그 가운데 더 주목해야 할 것은 여학생들의 등장이었다. 일본에서 발행되는 『오사카마이니치신문大阪每日新聞』에서는 3월 1일 서울의 만세시위에서 무엇보다 눈에 띈 것은 여학생의 참가라고 했다. 경성여자고등보통학교 여학생들이 단체로 독립 만세를 외치며 거리를 누비는 장면을 이렇게 묘사했다.

> 3월 1일 오후 2시경 조선 경성에 일대 소동이 야기되었다. 이 일은 중등학교 이상의 조선인 학생 전부가 결속하고 이에 다수의 여학생도 참가하여 일대를 조직하고 고 이태왕 전하의 대장례가 다가온 것을 기회로 삼아 일대 시위운동을 일으킨 것이다.

더욱이 여학생들이 거리에서 시위를 벌이다 검거되고 투옥되어 재판을 받는 모습은 한국인에게도 충격과 분노를 안겼다. 경찰서에서 구치소로 이감되는 여학생들의 모습은 조선인들의 가슴 속에 증오와 분노의 격렬한 감정을 불러일으켰다. 여학생들의 활약과 고초가 민중을 시위에 참여하게 만든 촉매제 역할을 했던 것이다. 3·1운동의 역사에서 맨 앞에 등장하는 여학생들은 2·8독립선언식에 참여한 일본 유학생들이었는데, 그 중심에는 김마리아가 있었다.

2·8 독립선언서

러시아혁명에 성공한 레닌은 식민지 민족해방운동에 대한 지원을 약속했고, 윌슨은 민족자결주의를 제창했다. 제1차 세계대전이 막을 내리면서 1919년 1월 파리강화회의가 개최될 예정이었다. 도쿄 유학생들은 이를 한국의 독립을 세계에 알릴 기회라고 생각했다. 1919년 1월 6일 조선인유학생학우회는 도쿄의 조선기독교청년회관에서 웅변대회를 열었다. 이 자리에는 동경여자유학생친목회 회장 김마리아를 비롯해 황에스더, 노덕신, 유영준, 박정자, 최정숙 등 6명이 참여했는데, 이 가운데 유영준은 30원의 운동비를 내놓았다. 학생들은 독립운동 방법에 이견을 보였고, 임시실행위원을 선출해 그들에게 맡기기로 했다. 그런데 임시실행위원으로는 최팔용, 윤창석, 김도연, 이종근, 이광수, 송계백, 김철수, 최근우, 백관수, 김상덕, 서춘 등 모두 11명의 남학생이 선출되었다. 독립운동에 동참하게 해달라는 여학생들의 요구를 거부한 셈이었다. 다음 날 임시실행위원을 중심으로 조선청년독립단이 조직되었다. 조선청년독립단은 독립선언서와 결의문 및 민족대회소집청원서를 작성하기로 결의했으며, 독립선언서와 결의문은 이광수가 작성했다.

1919년 2월 8일 오전 10시경 조선청년독립단은 독립선언서와 결의문, 민족대회소집청원서를 각국 대사관과 공사관, 일본 국회의원, 조선총독부, 도쿄와 각 지역의 신문사와 잡지사, 학자들에게 발송했다. 그리고 동경유학생 임시총회라는 이름으로 조선기독교청년회관에서 오후 2시에 모였다. 이 자리에는 김마리아를 비롯

조선기독교청년회관

해 황에스더, 노덕신, 유영준, 박정자, 최제숙 등 동경여자유학생친목회 회원들도 참여했다. 최팔용과 윤창석의 사회로 독립선언식이 거행되었다. 백관수가 독립선언서를 낭독하고 김도연이 결의문을 읽었다. 결의문을 채택한 후 도쿄 시내에서 태극기를 흔들며 행진하기로 했으나 일본 경찰들이 회관을 포위하고 검거에 나서면서 실행하지 못했다. 김마리아는 이 자리에서 체포되지 않았지만, 윤창석이 취조를 받으며 동경여자유학생친목회에서 30원을 지원했다고 진술하는 바람에 결국 경시청에 연행되었다. 다행히 몇 시간 동안 취조를 받은 후에 풀려났다.

김마리아는 2월 15일경 황에스더에게서 2·8독립선언 소식을 국내에 알려달라는 부탁을 받았다. 때마침 자신에게 도움을 청하는 내용이 담긴 루이스 교장의 편지도 받았다. 정신여학교 학생들은 1919년 1월 21일 고종이 급사하자 흰옷에 검은 댕기를 착용했다. 학교 측은 학생들에게 댕기를 풀라고 했지만, 학생들이 그 요구를 거부하자 7명의 주동자들에게 정학처분을 내렸다. 그러자 학생들이 동맹휴학을 단행하는 일이 있었다. 이 사태를 수습하는 데 김마리아의 힘이 필요하다고 판단한 루이스 교장은 김마리아에게 귀국을 종용하는 편지를 보냈다. 김마리아는 서둘러 귀국길에 올랐다. 2·8독립선언서를 미농지에 베끼고, 황에스더 등과는 국내에 들어와 어떻게 2·8독립선언 소식을 알릴지를 논의했다.

2월 17일 김마리아는 기모노를 입고 허리띠인 오비 속에 2·8독립선언서를 숨긴 채 요코하마여자신학교에 다니던 정신여학교 후배 차경신과 함께 부산을 통해 귀국했다. 두 사람은 대구에서 헤어졌다. 평안북도 선천 출신 차경신은 서북 지방을 맡아 활동하기로 하고, 김마리아는 우선 전라남도 광주로 내려갔다. 가는 도중에 김마리아는 대구에서 고모 김순애와 고모부 서병호를 만났다. 이들은 상하이 신한청년당에서 밀파했는데 파리에서 활동하게 될 김규식에게 보낼 자금을 모집하는 임무를 맡고 있었다. 당시 전라남도 광주에는 고모 김필례와 큰언니 김함라가 살고 있었다. 김마리아는 고모부 최영욱이 운영하는 서석의원에서 2·8독립선언서를 등사했다.

1919년 2월 21일 서울에 도착한 김마리아는 가장 먼저 루이스 교장을 찾아갔다. 당시 학생들은 저고리 왼쪽 가슴 위에 검은 상장을 달고 있었다. 루이스 교장은 상장을 떼도록 학생들을 설득해 달라고 부탁했으나 김마리아는 이를 거절했다. 그러고는 황해도로 내려가 신천에서 언니 김미렴을 만나고 황해도 지역을 다니며 2·8독립선언 소식을 알렸다.

만세시위를 모의하다 체포되다

1919년 3월 1일 서울을 비롯한 7개 도시에서 만세시위가 일어났다. 그 소식에 김마리아는 곧바로 상경했다. 일요일인 3월 2일 김마리아는 정동교회에서 나혜석을 만나 예배에 참석한 뒤, 이화학당 교사 박인덕의 방으로 가서 3·1운동의 향후 대책을 의논했다. 이날 김마리아, 황에스더, 박인덕, 김하르논, 손정순, 나혜석, 안숙자, 신준려, 안병숙, 박승일 등이 모였다. 황에스더는 김마리아가 귀국한 후 뒤따라 2월 28일에 귀국했다. 『여자계』의 편집부원이었던 나혜석은 1918년 3월 동경여자미술전문학교를 졸업하고 귀국해 모교인 진명여학교에서 미술교사로 재직 중이었다. 이 자리에서는 여자단체를 조직해 조선의 독립운동을 전개하고 남자단체와 여자단체 사이에서 연락을 취하며, 남자단체가 활동할 수 없게 될 때는 여자단체가 그들을 대신해 운동한다는 등의 사항을 논의했으나 합의에 이르지는 못했다. 일단 김마리아, 황에스더, 박인덕, 나혜석을 간사로 선정하고, 3월 4일에 만나 다시 논의하기로 했다. 이후 박인덕은 정신여학교를 비롯해 서울 시내 여학교 학생들을 조직하는 일을 했다. 나혜석은 3월 3일 기차로 경기도 개성에 가서 정화여숙 교장인 이정자를 방문해 독립운동에 동참할 것을 촉구했다. 다음 날인 4일에는 평안남도 평양에서 정진여학교 교사로 있는 수원 삼일학교 동창생 박충애를 만나고 3월 5일에 귀경했다.

3월 4일 나혜석을 제외한 3명의 간사와 정신여학교의 이성광과 최계복, 진명여학교 학생 2명이 모여 회의를 열었다. 이날은 3월 5일 만세시위에 여학생들도 참여할 것인지를 논의했다. 황에스더는 함께 만세를 불러야 한다고 주장한 반면, 김마리아는 독립운동을 위한 여성단체의 조직이 더 중요하다고 주장했다. 그러면서 만세시위에 대해서는 조직적인 동원보다는 개별 행동을 취하는 것이 맞다고 보았다. 결국 회의 참석자들은 만세시위 참여 여부는 각자의 자유에 맡길 것을 결의했다. 다음 날 만세시위에는 이화학당, 진명여학교, 정신여학교 등에 재학 중인 학생들이 참여했다.

3월 5일 오전 9시 남대문역 광장에 서울 시내 전문학교와 중등학교 학생들이 집결했다. 이날 시위에는 서울 시민은 물론 고종의 장례식에 참여하고 귀향길에 오르기 위해 역으로 나온 사람들까지 합세했다. 시위대 규모는 순식간에 1만여 명으로 늘어났다. 시위대는 시가행진에 돌입했고, 보성전문학교생인 강기덕과 연희전문

대한문 앞 만세시위

학교생인 김원벽이 '조선 독립'이라고 쓴 기가 휘날리는 인력거 위에 올라 선두에서 시위대를 이끌었다. 경찰은 남대문에 방어선을 쳤으나 시위대를 막기에는 역부족이었다. 시위대는 방어선을 뚫고 한 무리는 남대문시장과 조선은행을 거쳐 종로 보신각으로 향했고, 다른 무리는 대한문과 무교정을 거쳐 보신각으로 나아갔다. 두 무리의 시위대는 보신각 앞에서 합류했으나 경찰의 저지로 결국 해산하고 말았다. 이날 경찰은 남대문, 대한문, 종각, 조선은행 부근에서 시위대 검거에 나섰는데, 이때 검거되어 재판에 회부된 사람은 77명이었다. 그중 여학생은 6명이었다.

다음 날인 3월 6일 김마리아는 정신여학교에서 경찰에 체포되었다. 그는 조선총독부 경무총감부에 구금되어 신문을 받았다. 형사들은 일본에서 귀국할 때 유학생들에게서 어떤 부탁을 받았는지 캐물었지만, 김마리아는 모른다는 답을 반복했고 가죽 채찍으로 머리를 맞는 고문을 견뎌야 했다. 결국 김마리아는 고문 후유증으로 생긴 중이염과 축농층으로 평생 두통과 신경쇠약증에 시달렸다.

경무총감부에서 일주일간 신문을 받으며 고문에 시달린 끝에 김마리아는 검사국으로 이송되었다. 김마리아는 3월 14일과 3월 18일 검사에게 신문을 받았다. 서대문감옥에 넘겨진 것은 체포된 지 20일쯤이 되어서였는데, 죄수번호가 달린 수의를 입고 서대문감옥 5호 독방에 수감되었다. 황에스더는 3월 19일에 체포되어 두 번에 걸친 신문을 받고 서대문감옥에 수감되었다. 나혜석과 같은 감방이었다. 박인덕은 3월 10일에 체포되어 신문을 받고 서대문감옥 6호 독방에 수감되었다. 5호 독방의 김마리아와 6호 독방의 박인덕은 통방을 하다가 간수에게 걸려 서로 떨어진 감방에 갇히고 말았다. 김마리아는 이때 처음으로 언론을 통해 독립운동가로서 조명을 받았다. 미국의 대한인국민회 중앙총회가 발행하던 『신한민보』 1919년 6월 7일자에는 김마리아가 나혜석과 함께 '대한독립선언의 선봉 된' 여자 유학생으로 소개되었다.

> 대한독립선언의 선봉 된 동경 유학생 수십여 명 형제를 5월 초순에 포착, 호송하여 경성지방법원으로 끌어내 와 심문 중이라는데 그중

에 동경여자미술학교 졸업생 나혜석 씨와 여자학원 대학부 출신 김마리아 씨 등은 방금 감옥에서 무쌍한 수욕을 당하면서 왜놈 검사의 취조를 받되 조금도 겁나함이 없이 용감 활발한 태도로 정당한 도리를 들어 항변하매 왜놈들도 크게 놀라나 법리상으로 검사하지 못할 줄 알고 혹독한 형벌을 베풀어 취조하는 중이라더라.

1919년 7월 24일 오전 11시 김마리아는 박인덕, 황에스더, 신준려 등과 함께 석방되었다. 그로부터 열흘이 더 지난 8월 4일에야 뒤늦게 경성지방법원 예심계 판사 나가시마 유조永島雄藏는 김마리아에 대해 예심 종결 결정을 내렸다. 재판부는 "김마리아가 독립을 목적으로 하는 여러 인쇄물을 작성하고 배포해 치안을 방해해 출판법과 보안법을 위반했다는 혐의를 받아 체포·구금되었는바, 치안 방해 사실은 인정되나 충분히 증빙할 수 없어 형사소송법 제165조 1호에 의해 면소 방면한다"고 판결했다.

3·1운동에 여학생이 등장하다

3·1운동의 역사에서 처음으로 등장하는 여학생은 바로 일본 유학생 김마리아다. 그런데 김마리아보다 널리 알려진 여학생은 3·1운동은 물론 독립운동의 상징적 인물로 추앙받는 유관순이다. 유관순은 충청남도 천안에서 상경하여 이화학당에서 공부한

유학생이었다. 3월 1일과 3월 5일 서울 시위에 참여한 유관순은 임시휴교령이 내려지자, 독립선언서를 들고 3월 13일에 귀향해 만세시위를 준비했다. 4월 1일 병천 아우내 장터에서는 3,000여 명의 사람들이 모여 독립만세를 외쳤다. 이날 시위에서 헌병이 총을 쏘면서 유관순의 아버지와 어머니는 그 자

유관순

리에서 세상을 뜨고 말았다. 유관순은 헌병에 체포되어 공주지방법원에서 징역 5년형을 선고받자 이에 불복해 경성복심법원에 항소했다. 경성복심법원에서 재판을 받아야 했으므로 서대문감옥으로 이감되었다. 경성복심법원이 징역 3년형을 선고하자, 유관순이 경성고등법원에 상고했으나 기각되었다. 유관순은 1920년 3월 1일 옥중에서 만세운동을 벌이면서 심한 고문을 받았고, 병고 끝에 1920년 9월 28일 옥사했다.

유관순은 3·1운동이라는 역사적 사건에서 주체적으로 등장한, 여학생들을 대표하는 인물이다. 그런데 유관순은 이제껏 만세시위에서 부모님을 잃고 난 후 애끓는 효심을 바탕으로 끝까지 저항한 독립투사로 그려졌다. 그래서 함경북도 명천 시위에서 아버지가 목숨을 잃자 만세시위에 앞장섰다가 옥사한 동풍신董豊信을 북

개성시가 전경

한의 유관순이라고 부르기도 한다. '효'라는 전통적 가치에 기반한 평가가 거듭되어오면서 유관순이 역사의 주체로 등장한 시대적 변화를 상징하는 학생, 특히 여학생이라는 점을 간과하고 있었던 셈이다.

1919년 3월 1일에 시작된 만세시위가 전국적으로 이어진 데에는 학생들의 활약과 함께 독립선언서의 조직적인 배포가 큰 역할을 했다. 천도교계 인쇄소인 보성사에서 인쇄한 독립선언서 2만 1,000매가 1919년 2월 28일에 전국에 배포되었다. 그날 곧바로 개성에 독립선언서를 전한 사람은 민족대표 중 한 사람인 오화영 목사였다. 그는 개성에 사는 강조원 목사에게 독립선언서 200매를 보냈다. 그날 밤 개성 남부예배당에 모인 기독교 지도자들은 독립선언서를 배포하지 않고 호수돈여학교 서기인 신공량을 통해 북부예배당에 숨겼다. 하지만 호수돈여학교 부설 유치원 교사인 권애라는 이 사실을 알고 북부예배당의 전도부인이자 성경학교 사감 어윤희와 함께 독립선언서를 건네받아 3월 1일 개성 시내에 배포했다. 다음날인 3월 2일 어윤희는 호수돈여학교 기도실에서 권애라, 장정심, 이향화, 박마리아, 김낸시, 권명범, 이영지, 류정희, 조화벽, 김정숙 등과 만세시위를 모의하고 커튼으로 태극기를 만들었다. 3월 3일 호수돈여학교 학생 35명은 기도회가 끝난 후 찬송가를 부르며 거리 행진에 나섰다. 어윤희가 연설을 시작하자 여학생들은 독립선언서를 배포하고 독립만세를 외치며 개성 최초의 만세시위를 전개했다. 미리흠여학교와 송도고등보통학교 학생

세브란스병원

200여 명은 물론 군중이 가세하면서 만세시위는 밤 12시까지 이어졌다.

  호수돈여학교에서 만세시위를 준비한 학생 중 조화벽은 강원도 양양 출신이었다. 그는 조선총독부가 임시휴교령을 내리자 3월 말에 독립선언서를 들고 고향으로 달려가 양양감리교회 청년 지도자이자 면서기인 김필선에게 독립선언서를 전했다. 기독교 지도자들은 면사무소 등사기를 이용해 독립선언서를 인쇄했다. 그리고 4월 4일 양양 장날에 마을끼리 연대한 만세시위를 벌였다. 조화벽은 1925년에 유관순의 오빠인 유우석과 결혼했다. 유관순과 조화벽은 생전에 만난 적이 없는 시누이와 올케 사이였지만, 둘 다 3·1운동 당시 여학생으로서 각자의 고향에서 만세시위를 촉발하는 역할을 했다.

　부산 최초의 만세시위는 일신여학교 학생들이 일으켰다. 부산에 독립선언서가 전달된 것은 3월 2~3일경이었다. 서울에서 학생 대표들이 내려와 부산상업학교와 동래고등보통학교 학생들에게 독립시위를 독려했다. 3월 7일에는 연희전문학교 학생이 동래고등보통학교 학생들에게 독립선언서를 전달했다. 3월 10일경에는 동래고등보통학교를 졸업하고 경성고등공업학교에 다니던 곽상훈이 독립선언서를 들고 부산에 내려와 학생들을 만났다. 이와 같은 분주한 움직임 속에서 부산 지역 학생들은 동래 장날인 3월 13일에 만세시위를 일으킬 것을 모의하고 준비에 들어갔다. 일신여학교 교사 주경애는 학생들이 부산상업학교 학생들과 연락하여 시위를 준비하도록 주선했다. 일신여학교 학생들은 3월 10일에 기숙사에 모여 태극기 100개를 제작했다. 그러고는 3월 13일이 아닌 3월 11일 밤 9시에 고등과 학생인 김응수, 송명진, 김순이, 김난줄, 박정수, 김반수, 심순의, 김봉애, 김복선, 김신복, 이명시 등 11명의 학생들이 교사 주경애, 박시연과 함께 태극기를 손에 들고 독립만세를 부르며 기숙사를 나와 좌천동까지 행진하는 시위를 감행했다. 여기에 군중이 가세하여 수백 명에 이르는 시위대는 두 시간 동안 만세시위를 벌였다. 일신여학교의 만세시위는 부산 최초이기도 했지만, 경남 지역 만세시위의 효시이기도 했다.

여성도 국민임을
행동으로 보여주다

대한민국애국부인회를 재건하다

김마리아는 1919년 7월 24일 출옥한 뒤에 세브란스병원에 입원했다. 건강을 회복한 김마리아는 정신여학교에서 학생을 가르쳤다. 9월경 대한민국애국부인회에서 활동하던 이정숙, 장선희 등의 동문들이 찾아와 황에스더와 함께 대한민국애국부인회를 맡아달라고 요청했다.

대한민국애국부인회는 혈성단애국부인회와 대조선독립애국부인회를 합하여 만든 단체였다. 혈성단애국부인회는 1919년 4월 초순에 정신여학교 교사 장선희, 황해도 재령의 명신여학교 교사 오현주, 전북 군산의 멜볼딘여학교 교사 오현관, 세브란스병원 간호사 이정숙, 정신여학교 졸업반 이성완 등이 조직한 단체였다. 정신여학교 졸업생들과 재학생들이 만든 이 단체는 투옥된 독립운동가들의 옥바라지와 그 가족들을 돌보는 일을 하며 임시정부를 위한 모금 활동을 펼쳤다. 대조선독립애국부인회는 1919년 4월 중순경 경성여자고등보통학교 출신의 기독교인 최숙자, 김원경, 김희열 등이 주도하여 60여 명의 회원으로 조직되었다. 이 단체의 결성 목적은 독립운동 자금 모금이었다. 1919년 6월경 혈성단애국부인회와 대조선독립애국부인회의 통합으로 조직이 개편되었다. 회장에 오현주, 부회장에 최숙자, 총재 오현관, 상하이 특파원에 김원경 등을 선정했다. 그리고 고문은 이병철이 맡았다. 이병철은 1919년 6월 초순 서울에서 결성된 대한민국청년외교단의 총무였다. 대한민국청년외교단은 상하이 임시정부에 국내 상황을 알리는 동시에 독립운동 자금을 모아 전달하고, 각종 유인물을 작성해 독립 여론을 조성하는 활동을 펼쳤다. 다음과 같은 건의서를 작성해 서울에 머물고 있던 임시정부 특파원 이종욱에게 550원의 운동자금과 함께 보내기도 했다.

- 임시정부의 내각 각부 총장은 상해에 모여서 정무의 통일을 꾀함.
- 열국정부에서는 직접 외교원을 특파하여 외교 사무를 확장할 일.
- 일본정부에도 외교원을 파견하여 한국의 독립을 정면으로 요구할 일.
- 직접 대표자를 연맹회의에 파견하여 외교 사무를 집행하게 할 일.

이병철은 자신의 아내인 경하순이 최숙자, 김원경 등과 함께 대조선독립애국부인회를 결성할 때 도움을 주었다. 그 인연으로 혈성단애국부인회와 대조선독립애국부인회의 통합으로 생겨난 대한민국애국부인회의 고문이 되었다.

3·1운동 직후 결성된 여성단체들이 임시정부 탄생을 환영하며 지원에 나선 데에는 임시정부가 남녀평등을 밝힘과 동시에 여성에게 참정권을 부여한다는 의지를 헌법에 담았기 때문이었다. 전국적으로 만세시위가 한창이던 1919년 4월 11일 상하이에서는 대한민국임시정부가 탄생했다. 대한민국임시정부가 반포한 「대한민국임시헌장」(이하 「임시헌장」)은 여성의 지위와 권리에 있어 획기적인 내용을 담고 있었다. 남녀평등을 천명하고 여성에게 참정권을 부여한 것이다.

> 제3조 대한민국 인민은 남녀 귀천 및 빈부의 계급이 없고 일체 평등하다.
> 제5조 대한민국 인민으로 공민 자격이 있는 자는 선거권 및 피선거권을 가진다.

「임시헌장」에 이어 1919년 4월 25일에 제정된 「임시의정원법」에서는 중등교육을 받은 만 23세 이상의 남녀 모두에게 피선거권을 부여했다.

대한민국애국부인회에서는 여성의 평등권과 참정권을 보장하는 임시정부에 독립운동 자금을 보내는 것을 주된 활동으로 삼았다. 이에 대한민국애국부인회 간부들은 전국 각지에 지부를 설치하기 위해 지방을 순회하기도 했다. 그런데 회장 오현주의 활동 부진으로 차츰 힘을 잃어갔다. 3개월 동안 대한민국애국부인회가 거

둔 회비는 747원이었고, 임시정부에는 300원을 송부하는 데 그쳤다. 이정숙, 장선희 등에게서 대한민국애국부인회가 침체되고 있다는 말을 전해들은 김마리아는 오현주에게 조직을 크게 확장하자고 제의했다.

1919년 10월 19일 이정숙, 장선희, 김영순, 백신영, 이혜경, 신의경, 오현주 등 대한민국애국부인회 임원 15명이 정신여학교 내에 있던 김마리아의 숙소에 모였다. 그들은 김마리아와 황에스더의 출옥을 위로하고 축하하는 다과회를 여는 동시에 대한민국애국부인회 재건 문제를 논의했다. 오전 10시부터 오후 5시까지 7시간에 걸친 회의 끝에 대한민국애국부인회의 조직을 개편할 것을 결의했다. 오현주는 회장을 사임했고, 김마리아가 회장에 선출되었다. 이때 새로 선출된 대한민국애국부인회 간부 명단은 다음과 같다.

회장 김마리아, 부회장 이혜경, 총무 및 편집원 황에스더, 임시서기 신의경, 부서기 박인덕, 교제원 오현관, 적십자부장 이정숙·윤진수, 결사부장 이성원·백신영, 재무원 장선희

이 명단에서 눈에 띄는 조직은 적십자부와 결사부이다. 적십자부는 대한민국애국부인회가 대한민국청년외교단과 연대해 만든 부서였다. 1919년 7월 13일 임시정부는 상하이에서 안창호의 주도로 독립전쟁 시 부상자를 치료하고 구호하고자 하는 목적으로 대한적십자회를 설립했다. 이병철은 임시정부에서 파견한 이종욱

과 함께 대한적십자회 국내 지부를 설치하고 간사를 맡았다. 국내 지부는 서울에 총지부를 두고 학교나 직장 단위로 결성했는데, 대한민국청년외교단원과 대한민국애국부인회 회원이 주력을 이루었다. 당시 경찰이 파악한 국내 지부 관계자 77명 중 45명이 대한민국애국부인회 소속이었다.

대한민국애국부인회의 조직과 임원진을 개편한 후 김마리아, 이혜경, 황에스더는 대한민국애국부인회의 활동 목적, 취지서, 임원의 임무, 본부 및 지부 규칙 등을 작성했다. 규칙에 따르면 대한민국애국부인회 본부는 '대한민국의 국권을 확장'하는 데 목적을 두었으며, 지부는 '대한민국의 의무를 성취'하는 데 목적을 두었다. 이들은 회원임을 증명하는 증표를 만들고, 본부와 지부의 도장도 새로 만들었다. 회의 결정에 따라 개성(경기도), 거창·기장, 마산·밀양·부산·양산·울산·진주·통영(경상남도), 대구·영천(경상북도), 광주·목포·전주·제주(전라남도), 군산(전라북도), 청주(충청북도), 진남포·평양(평안남도), 원산·정평·함흥(함경남도), 성진·회령(함경북도), 사리원·재령·황주·홍수원(황해도) 등에 지부를 설치한 뒤 회원을 모집하고 독립자금을 걷었다. 김마리아는 1919년 11월 1일 대한민국 임시정부의 대통령 이승만 앞으로 2,000원(오늘날의 가치로 환산하면 2억 원 정도)을 보냈다. 이 돈은 하와이 호놀룰루의 여성단체인 애국부인회로부터 송금된 것이었다. 김마리아는 2,000원을 보내면서 다음과 같이 끝을 맺은 취지서를 함께 송부했다.

아, 우리 부인들은 국민의 한 구성 분자다. 빼앗긴 인권을 찾고 빼앗긴 국권을 회복할 최대의 목적을 향하여 우리 부인들에게는 오로지 전진함이 있을 뿐이요, 추호의 후퇴는 용서할 수 없다. 이때에 다만 나라를 사랑하는 우리 부인들은 모두 다 함께 일어나서 용기를 분발하고 이상을 높이어서 애국심을 상통함으로써 공고한 단결을 도모하려고 본 애국부인회를 조직하는 바이니 국민성을 다시 각오하여 일제히 함께 찬동하여 주기를 천만 희망하는 바이다.

다시 체포되어 고문에 시달리다

1919년 11월 17일 김마리아는 장선희와 함께 오현주의 요청으로 임시정부에서 왔다는 인물을 만났다. 다행히도 그 자리에서는 그 사람을 수상히 여겨 별다른 얘기를 하지 않았다. 하지만 오현주는 회칙과 회원명단 등을 받아 그에게 넘겨주고 말았다. 그는 경상북도 경찰국 고등계 형사인 유근수였다.

1919년 11월 28일 김마리아는 4학년 학생들을 가르치던 중 직원실에 불려가 10명의 형사에 둘러싸여 장선희, 김영순, 신의경과 함께 체포되었다. 저녁 무렵에는 종로경찰서에서 본정경찰서로 이송되었다. 그곳에는 황에스더, 이정숙, 이성완, 박인덕, 김희옥, 성경애, 오현주, 오현관 등 회원들이 이미 구금되어 있었다. 이들은 다음 날 대구로 호송되었다. 대구에 사는 여성 기독교인이 대한

김마리아 관련 보도 기사(『매일신보』, 1919년 12월 19일자)
오른쪽 위가 김마리아

민국애국부인회 명의로 독립운동 자금을 모은다며 금품을 모집한 사실이 발각되어 수사가 이루어지고 있었기 때문이었다. 김마리아 등은 경상북도 경찰국으로 넘겨졌다. 여기에는 유인경, 이혜경, 백신영 등과 지부장들이 이미 잡혀와 있었다. 이렇게 검거된 대한민국애국부인회 관련자는 80여 명에 달했다. 1920년 1월 19일 자 『매일신보』에 따르면 세브란스병원 관계자 29명, 정신여학교 11명, 함남 원산진성여학교 1명, 성서학원 1명, 이화학당 1명, 동대문부인병원 13명, 배재학당 1명, 경남 진주광림여학교 3명, 전북 전주기전여학교 1명, 함북 성진보신여학교 2명, 함북 성진제동병원 1명, 함북 영생소학교 1명, 진명여학교 1명, 그 외 학교 교사, 상하이 거주자 등이 체포되었다. 그중 유력 체포자 명단은 일찍이 『매일신보』 1919년 12월 19일 자에 실린 바 있다.

오현주(재무주임), 오현관(구 총재 겸 재무부장), 신의경(임시서기, 정신여학교 교사), 장선희(외교원, 정신여학교 교사), 황에스더(총무 겸 편집원, 도쿄의학전문학교 학생), 유인경(대구지부장), 김영순(정신여학교 교사), 이성완(결사장, 배화여학교 교사), 이정숙(적십자회장, 간호부), 김마리아(회장, 정신여학교 교사), 이마리아(메리블렌여학교 교사), 백신영(결사장, 전도사), 박순복(회원), 박보구(회원, 진주 광림여학교 교사), 박덕실(회원), 이유희(회원, 보신여학교 교사), 이금례(대구지부장), 유보경(전북지회장, 기념여학교 교사), 이혜경(부회장, 진성여학교 교사), 박인덕(대표자, 이화학당 교사), 김태복(대표자, 간호부), 김희옥(회원, 경성유아원 교사), 성경애(대표자)

여기서 대표자란 학교와 병원 대표를 말한다. 박인덕은 이화학당 내 24명의 회원을, 김태복은 동대문부인병원 내 20명의 회원을, 성경애는 성서학원 내 18명의 회원을 각각 대표했다.

가장 먼저 오현주가 신문을 받았는데, 오현주는 그날 이후 유치장으로 돌아오지 않았다. 자수 조서를 쓰고 증인이 될 것을 약속했기 때문이다. 10여 일이 지나 한 명씩 신문을 받기 시작했다. 오현주에게서 증거물을 확보한 경찰들은 신문에 제대로 응하지 않으면 고문했다. 당시 김마리아를 고문한 사람은 일본인 니시오카 경부보와 조선인 박준건 형사였다. 그들은 김마리아를 끌어다 취조실에 앉히고 두 무릎 사이에 굵은 장작개비를 넣었다. 그리고 수갑을 채운 두 팔 사이에는 쪼개진 대나무를 끼운 뒤 빨래를 짜듯이 비틀

어댔다. 하지만 김마리아는 한마디의 대꾸도 하지 않았다. 터져나오는 신음소리를 삼키며 혹독한 고통을 참았다. 김마리아의 몸은 3·1운동 때 잡혀가 당한 고문의 후유증이 완전히 낫기도 전에 다시 고문을 당하면서 견디지 못했다. 고질적으로 김마리아를 힘들게 했던 중이염과 축농증이 더욱 악화되고 말았다.

1919년 12월 11일 김마리아는 대구지방법원 검사국에 송치되었다. 여기서는 3·1운동 당시 경무총감부에서 김마리아를 신문했던 가와무라河村靜水 검사가 다시 그를 담당했다. 김마리아는 가와무라 검사의 신문 과정에서 활동 전모가 오현주에 의해 발각되었다는 사실을 알게 되었다. 신문 끝에 김마리아, 장선희, 황에스더, 이정숙, 김영순, 유인경, 신의경, 백신영, 이혜경 등 9명만 검사국의 기소로 예심에 붙여졌다. 이때 검찰은 13도에 본부와 지부가 연결되어 큰일을 벌이며 일사분란하게 활동한 대한민국애국부인회 회원 대부분이 '기독교인으로서 외국인의 지도나 고용을 받은 자들'이라며 외국인이 조선인을 제대로 지도해야 한다는 유감의 뜻을 표했다. 조선의 여성들이 그들만의 힘으로 독립운동을 벌일 능력이 없는바 그 배후에 선교사 등이 있을 것이라는 시각에서 대한민국애국부인회를 보았던 것이다. 김마리아 등 9명은 1920년 4월 23일 예심판결을 받고 재판에 넘겨졌다. 김마리아는 위독한 상태였으므로 더 이상의 수감생활을 할 수 없었다. 중이염이 악화된 데다가 이번에는 머리를 심하게 구타당해 극도의 신경쇠약 증세를 보였다.

대한민국애국부인회 관련자들이 투옥되자 동정금同情金이 쇄도했다. 관련자들의 가족과 친구들은 이 성금으로 집을 구해 감옥생활을 하고 있는 9명에게 사식을 만들어 들여보냈다. 이혜경의 언니 이자경은 김마리아와 소래마을에서 자매처럼 자랐는데, 검사국 송치 때부터 동생과 김마리아는 물론 9명 모두의 옥바라지를 했다. 그리고 선교사들도 이들을 도왔다. 스코필드 박사F. W. Schofield는 대구 감옥에 내려와 김마리아, 이혜경, 장선희, 이정숙 등을 면회했다. 또 그는 서울로 올라가 사이토 총독을 만나 고문의 부당성을 지적하고, 수감자에 대한 처우 개선도 요구했다. 그는 두 차례 더 대구 감옥을 찾아 이들을 면회했다. 미국인 선교사 블레어W. N. Blair와 브루엔H. M. Bruen은 일요일마다 번갈아 감옥을 찾아와 예배를 보았다.

병보석 상태에서 재판을 받다

김마리아의 병은 점점 심해져 생명이 위태로운 지경에 이르렀으나 법원은 계속 병보석을 거부했다.

김마리아는 감옥에 들어간 이후로 도무지 신체가 건강하지 못하고 더군다나 예심 중에 머리를 몹시 다쳐 정신이 혼미하게 되었는데 어둡고 갑갑하고 음습한 감방에 여러 달 동안을 고통으로 지낸 까닭에 병이 점점 심해져서 지금은 몸을 수습하지 못하고 밤낮으로 그 신음

하는 슬픈 소리에 다른 방에 있는 여러 사람들도 잠을 이루지 못하고 오히려 그 고통으로 앓는 소리에 몸이 다 마를 지경이라고 한다.

선교사들까지 나서서 김마리아의 보석을 신청했으나 실패했다. 정신여학교 부교장 밀러L. D. Miller는 직접 대구에 와서 블레어 목사를 통해 보석 허가를 교섭했으나 소용이 없었다.

결국 검사국은 예심을 거쳐 재판에 넘기기 전날인 4월 22일에 김마리아와 백신영의 병보석 신청을 받아들였다. 둘 다 '꼬치꼬치 말라서 뼈만 남은 몸'에 김마리아는 '신경이 아주 쇠약하여 아무 것도 먹지 못하고 말도 자세히 하지 못하며 죽은 듯이 병상에 누워 있게 돼'서야 병보석으로 나올 수 있었다. 백신영 역시 '위병이 아주 심해 미음 한 수저만 마시어도 한 대접가량이나 토해버리고 몸을 붙일 곳이 없고 오줌을 자유로 누지도 못한' 상태에서 보석 허가가 났다. 4월 22일 11시 이자경과 블레어 목사 등이 검사를 만난 뒤 김마리아와 백신영을 데리고 감옥을 나왔다. 담당검사는 블레어 목사에게 보석인의 신병을 잘 감시하도록 당부했다. 그러면서 외부인과의 접촉을 일체 금지하고 만약 그런 일이 발각되면 즉시 보석을 해제하겠다는 경고를 했다. 김마리아와 백신영의 거주지는 블레어 목사 사택과 주변 건물로 제한되었다. 그들이 보석되자 간호를 위해 서울 세브란스병원 간호사 김필순이 대구로 왔다.

김마리아가 보석되고 일주일이 되던 날, 『동아일보』 기자가 대구에 내려와 김마리아의 두 언니와 이자경을 취재했다. 그러고는

1920년 6월 2일부터 6월 6일까지 5회에 걸쳐 '병상에 누운 김마리아'라는 제목으로 취재한 내용을 연재했다. 이 취재에 응한 김마리아의 언니 김함라와 김미렴은 어려서부터 건강해 감기 한 번 걸린 일이 없고 밥 한 번 체한 일이 없는 데다가 재주까지 비상했던 동생이 3·1운동으로 경무총감부에 끌려간 후부터 고문 후유증으로 고생하는 것이 분하고 원통하다고 토로했다. 그런데 김마리아는 병보석으로 나와 요양을 하고 있었음에도 병세가 호전되지 않고 오히려 악화되어갔다. 이비인후과 권위자인 서울 한양병원 의사 박계양까지 대구로 내려와 치료를 했으나 별다른 진전을 보지 못했다. 이런 상태로 김마리아는 1920년 6월 7일 법정에 출두했다. 이날 공판기를 쓴 『동아일보』 기자 유광렬은 당시 김마리아의 상태를 이렇게 기록했다.

> 제중원 간호부장 되는 서양 부인과 또 한 사람의 청년이 김마리아를 메고 내가는데 김마리아는 전신에다가 담요를 두르고 얼굴에는 보기도 흉한 흰 수건으로 가리었는데 하얗게 센 마리아 턱이 겨우 보이는 것이 마치 죽은 사람같이 참혹하였고 겨우 내놓은 두 손은 뼈대만 남아서 차마 볼 수가 없었다.

공판 법정에는 고미五味 재판장, 야마구치山口, 다나카山中 배석판사와 가와무라 검사가 참석했다. 변호사로는 정구창, 양대경, 김의균, 김우영, 호리이케堀池, 다카하시高橋, 기시모토岸本 등 6명이 참석했다. 김우영 변호사는 김마리아와 함께 여자유학생친목회 활동을 벌이고 3·1운동 당시에도 함께 활동했다가 투옥되었던 나혜석의 남편이었다. 나혜석은 당시 정신여학교 교사로 있었다.

이날 재판에는 이병철을 비롯한 대한민국청년외교단 간부들과 김마리아 등의 대한민국애국부인회 임원들이 피고석에 함께 섰다. 대한민국애국부인회 조직이 발각됨에 따라 대한민국청년외교단의 존재까지 드러나고 말았던 것이다. 대한민국청년외교단에 대한 신문이 먼저 진행되었고 대한민국애국부인회에 대한 신문이 이어졌는데, 이정숙부터 시작해 장선희, 김영순, 유인경, 황에스더, 신의경, 이혜경, 백신영, 김마리아 순으로 이루어졌다. 김마리아는 유창한 일본말로 "오현주가 주관한 대한민국애국부인회를 이어받아 활동한 것이 아니라 내가 따로 다른 목적을 위해 설립한 것이요, 조선 독립을 목적한 것이 아니라 조선 여자의 교육을 진흥시켜 인재를 양성하고 지식을 개발하자는 목적으로 조직해 활동했다"고 주장했다. 판사가 마지막으로 다시 한번 "교육 보급과 인격 향상이 너의 목적이었느냐"고 묻자 김마리아는 그렇다고 대답했다. 이렇게 심리를 마치고 가와무라 검사는 논고를 하며 김마리아에 대해 이렇게 평했다.

무릇 조선인이라도 일본의 신민이 된 이상에 일본 기반을 벗어나가고자 하는 것은 국적國賊이다. 더욱이 김마리아는 여자로서 대학교까지 졸업하고, 인격과 재질이 비범한 천재를 가졌으므로 그 대담

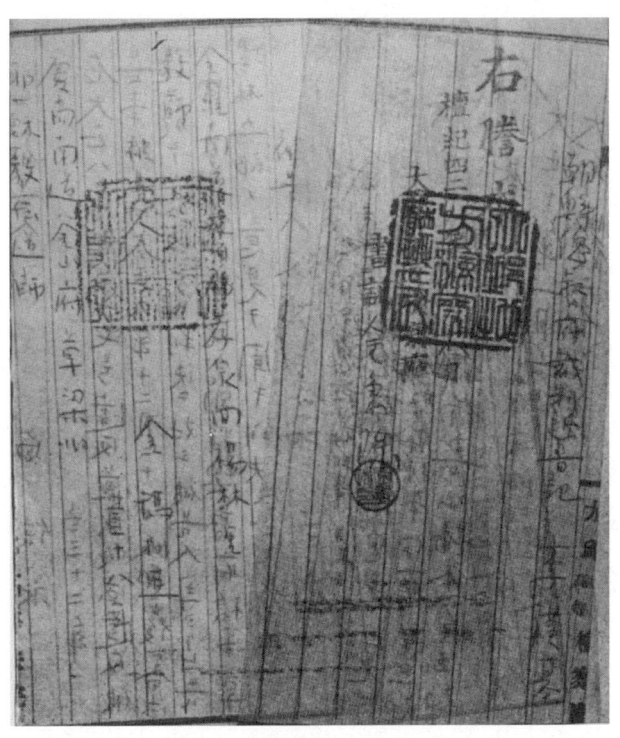

김마리아에 대한 판결문 원본(1920년 6월 29일)

한 태도와 거만한 모양은 이루 말할 수 없는 중 더욱 가증한 것은, 본 직에게 심문을 당할 때 의연히 나는 일본의 연호는 모르는 사람이라 하면서 서력 천구백 몇 년이라고 하는 것을 보면, 그의 눈에 일본 제국이라는 것은 없고 일본의 신민이 아닌 비국민적 태도를 가진 것이다. 이러한 대역무도한 무리에게는 특히 추상열일秋霜烈日 같은 형벌을 내려 그러한 인물을 박멸하지 아니하면 도저히 치안을 유지할 수 없는 것이라.

이처럼 가와무라 검사는 김마리아가 강직한 성품으로 대담하게 신문 과정에서 대한민국애국부인회가 독립운동단체인 것을 부인했으나, 다른 피고들은 "남자가 활동하는데 여자가 활동하는 것도 당연한 일이 아니냐?"고 대답했다며 대한민국애국부인회는 틀림없는 독립운동단체라고 주장했다. 그리고 특히 결사부의 존재에 주목했다. "전쟁에 나가지 않는 이상에 결사대가 무슨 필요가 있을까? 듣지 않아도 독립운동의 불온단체인 것은 사실"이라는 것이었다. 그러면서 김마리아와 황에스더에게 징역 5년, 나머지 피고에게는 징역 3년을 구형했다. 이어 정구창 변호사의 변론을 끝으로 12시간이 걸린 첫날 재판은 막을 내렸다. 다음 날 오전에는 다카하시, 김우영, 양대경, 김의균 등 변호사들의 변론이 이어졌다.

6월 29일 대구지방법원에서 선고 재판이 열렸다. 백신영은 인력거에 의지해 출두했으나 김마리아는 병세 악화로 출두하지 못했다. 제령 제7호 및 출판법 위반으로 김마리아와 황에스더는 징역

3년, 장선희과 김영순, 이혜경은 징역 2년, 백신영과 유인경, 신의경, 이정숙은 징역 1년형을 선고받았다. 이들은 모두 대구복심법원에 공소했다.

김마리아는 1심 판결이 끝나고 이틀 후인 7월 1일 기차로 상경해 백신영과 함께 세브란스병원에 입원했다. 고명우에게 정밀 진찰을 받고 박계양이 집도한 가운데 7월 8일 축농증 수술을 받았다. 하지만 7월 26일 급작스럽게 병세가 악화되자 박계양의 집도로 2차 수술을 받아 위급한 상황을 넘겼다. 병세가 호전되면서 1920년 9월 1일에는 언니 김함라가 있는 광주로 내려가 약 2개월 요양한 뒤, 10월에 한양병원에 다시 입원해 집중 치료를 받았다.

1920년 12월 16일 대구복심법원에서는 2심 공판이 열렸다. 전날 서울에서 대구로 내려간 김마리아는 아픈 몸을 이끌고 출두했다. 12월 27일 대구복심법원에서는 1심과 동일하게 판결하면서 미결이던 100일을 본형에 통산했다. 김마리아와 백신영 외 나머지는 판결을 그대로 인정하고 대구 감옥에서 복역했다. 하지만 김마리아와 백신영은 불복해 1921년 1월 22일자로 경성고등법원 형사부에 상고했다.

1월 31일 김마리아는 경성고등법원 형사부에 출두해 사실 진술을 했다. 그리고 2월 12일에 열린 상고 공판에서 사건을 경성복심법원에 반환하라는 선고를 받았다. 판결문 가운데 비밀 출판과 관계된 "관헌의 허가를 받지 아니하였다"라는 문구가 없다는 이유 때문이었다. 하지만 징역 3년형은 그대로 유지되었다.

1921년 5월 9일 경성복심법원에서 다시 김마리아와 백신영에 대한 2심 재판이 열렸다. 이때도 가와무라 검사가 공판검사로 입회했다. 1921년 5월 13일 경성복심법원에서는 재차 징역 3년형을 선고했다. 김마리아는 백신영과 함께 다시 경성고등법원에 상고했다. 마침내 6월 20일 경성고등법원의 상고 기각으로 3년 형이 확정되었다. 당시 독립운동가에 대한 재판이 검사가 작성한 조서에 의존해 판결하는 경향이 농후했는데, 사람들은 이를 '조서 재판'이라 비아냥댔다. 그럼에도 김마리아는 공소와 상고를 거듭하며 인권의 보루인 사법권이 존중되지 않은 식민지 현실을 적나라하게 폭로했다. 일종의 법정투쟁을 벌인 셈이었다.

임시의정원 최초의
여성 의원이 되다

고난의 망명길에 오르다

김마리아는 1921년 봄부터 망명을 계획했다. 선교사 매큔G. S. McCune이 그녀를 도왔다. 매큔은 김마리아의 병보석운동을 전개했고 가출옥 후에도 그녀를 돌봤다. 매큔은 김마리아에게 중국 망명을 권했고 망명자금을 제공했다. 매큔이 교장으로 있던 신성중학교 출신으로 임시정부의 교통부 참사로 있던 윤응념이 김마리아가 한양병원에 입원 중일 때 찾아왔다. 윤응념은 김마리아의 외사촌이라 속이고 한양병원을 드나들며 망명을 준비했다. 김마리아는 한양병원을 퇴원하자 성북동에 있는 한 농가의 방 한 칸을 김근포라는 이름으로 빌려 월세 1원을 내고 망명 준비를 계속했다.

6월 20일 경성고등법원이 상고를 기각할 무렵 김마리아는 세브란스병원에 다시 입원했다. 이때 김마리아는 폐병을 앓았으므로 휴양 권고를 받았다. 김마리아는 황해도 장연군으로 요양을 간다고 말하고 7월 9일 오후 4시에 퇴원했다. 그러고는 곧바로 인력거를 타고 남대문 중국인 거리에 몸을 숨겼다. 망명길에 나선 것

김마리아 상하이 탈출 보도기사
(『동아일보』 1921년 8월 5일자)

이었다.

  중국인 집에서 중국옷으로 갈아입고 새벽 1시에 윤응넘, 중국인 1명과 함께 자동차로 서울을 빠져나가 다음 날 오전 6시에 인천에 도착했다. 인천에서는 처음에는 중국인과 중국인 목사 집에 머물렀다가 한국인 집으로 옮겼다. 김마리아는 닷새간 그 집에 머문 뒤 7월 20일쯤 어선에 올랐다. 임시정부 군무부 참사로 군사국장을 하고 있던 도인권의 부인 최원효와 가족 3명, 군무부 참사인 김붕준의 가족 4명, 그리고 또 다른 청년 2명 등이 동행했다. 인천을 떠난 지 사흘이 지날 무렵 우연히 중국 상선을 만나 배를 옮겨 탔다. 상선은 산둥반도의 웨이하이웨이威海衛에 도착했다. 김마리아는 배 안에서 뱃멀미로 혼수상태에 빠지곤 했다. 그때마다 준비해 간 모르핀 주사를 맞았다. 인천을 떠난 지 8일 만에 웨이하이웨이에 도착하자 김마리아는 몸조리를 위해 남고 다른 일행들은 상하이로 출발했다. 며칠 후 고모부 서병호가 김마리아를 데리러 왔다. 몸이 어느 정도 회복되자 김마리아는 고모부와 함께 베이징을 거쳐 톈진天津에 도착했다. 톈진에서 다시 이틀간 배를 타고 상하이에 도착했다. 망명길에 오른 지 한 달 만이었다.

  경찰은 김마리아가 망명한 사실을 한 달이 넘도록 모르고 있었다. 그러다 7월 28일 김마리아 체포령을 내리고 8월 1일 경성지방법원에서 입옥 명령을 내렸으나 김마리아를 찾지 못하자 경찰은 크게 당황했다. 서울의 본정경찰서 고등주임은 "세상에는 지금 상해로 건너갔다는 설이 있으나 나의 생각으로는 아직까지 병이 완

쾌치 못한 사람으로 과연 상해로 건너갔는지는 의문이오. 김마리아는 요전까지 정신의 이상을 띠고 있었은즉 혹은 수감 명령이 내린 것을 겁을 내어 잠깐 자취를 감추었는지도 모르겠다"며 망명 사실을 믿으려 하지 않았다. 하지만 1921년 8월 8일자 『매일신보』에 1919년 6월에 결성한 비밀결사인 주비단의 단원으로 체포된 장응규에게 상하이로부터 온 편지가 실렸다. 거기에는 "의외에 김마리아를 베이징에서 만나서 같이 이곳에 왔으니 감사합니다"라고 쓰여 있었다.

임시의정원 의원으로, 국민대표회의 대표로 활약하다

상하이에는 많은 여성 독립운동가들이 활약하고 있었다. 그들이 구성한 단체에는 대한애국부인회가 있었는데, 김마리아의 고모 김순애, 대한민국애국부인회에서 상하이로 파견했던 김원경 등이 활동하고 있었다. 1919년 2월 김마리아와 함께 일본에서 귀국했던 후배 차경신도 대한애국부인회원으로서 국내를 오가며 활동하고 있었다. 대한애국부인회 회원들은 돈을 모아 독립운동에 관한 사진첩 수천 부를 발행해 서양과 해외 한인에게 배포했다. 그들은 임시정부의 직원으로, 학교 교사로, 적십자회 간호부로 활동하며 독립운동을 벌였다.

김마리아는 상하이에 도착 후 고모들의 보살핌을 받았다. 포석로 14호에는 김구례와 김순애 두 고모가 살고 있었다. 김마리아는 축농증으로 심한 두통이 있어 치료를 받던 중 심장병이 겹쳐 3개월이 넘게 입원을 했다. 그는 초겨울이 되어서야 원기를 회복했다. 상하이 한인들에게 김마리아의 등장은 커다란 화젯거리였다. 대한민국애국부인회 사건 당시 『독립신문』은 "대한 부인이 조직한 최초요 최대의 정치적 결사"라고 보도한 바 있었다. 김마리아 환영회는 1921년 11월 15일에 열렸다.

이후 건강을 회복한 김마리아는 미국 선교사가 설립한 난징의 성경사범학교에 입학해 중국어 공부를 했다. 1923년 1월에는 난징의 한인 여학생 40여 명이 모여 대한여자기독청년회를 조직했는데, 김마리아는 회장으로 선출되었다. 대한여자기독청년회는 그해 3월 1일에 삼일절 야유회를 개최했다. 김마리아가 사회를 보는 가운데 연극과 음악 공연을 펼쳐졌는데, 특히 대한민국애국부인회의 활동과 김마리아의 망명을 재현한 연극이 인기를 끌었다.

김마리아는 임시정부에도 참여했다. 1922년 2월 18일 개최된 제10회 임시의정원 이튿째 회의에 신임 대의원 자격 심사안이 상정되었다. 심사안이 통과되면서 이날 김마리아는 김구와 함께 황해도 의원에 임명되었다. 『독립신문』은 여성인 김마리아의 의원 당선에 대해 "우리 선거계에는 물론 이번이 처음일뿐더러 금일까지의 세계열국을 통하여서도 이것이 아직 몇 째 안가는 희귀한 일"이라고 높이 평가했다.

하지만 정치는 역시 녹록치 않았다. 임시정부의 사정도 좋지 않았다. 1921년에 이승만 대통령이 미국으로 돌아가고, 이동휘와 안창호가 국무총리와 노동총판을 사직한 이래 임시정부는 동요하고 있었던 것이다. 1922년 5월 10일에는 임시정부의 운명을 가늠할 국민대표회의 주비위원회를 결성했다. 마침내 1923년 1월 31일 국민대표회의가 열렸다. 국민대표회의에서는 임시정부를 개조하자는 입장과 새로운 독립운동의 영도기관을 세우자는 입장으로 갈렸다. 김마리아는 대한민국애국부인회의 대표 자격으로 국민대표회의에 참여했다. 개막식에서 김마리아는 개막 연설을 했다. 2월 23일에는 대한민국애국부인회 상황을 보고했다. 3월 5일에는 시국문제 토론회에서 다음과 같이 자신의 견해를 발표했다.

> 국내의 일반 인민은 상해에서 정부가 수립되었다는 말을 듣고 소수인의 조직이거나 인물의 선善, 불선을 불문하고 다 기뻐하여 금전도 아끼지 않고 적의 악형도 무서워하지 않았다. 혹 외지에서 정부를 반대하던 자라도 국내에 들어와 금전을 모집할 때는 다 정부 이름을 파는 것을 보아도 국내 동포는 정부를 믿는 증거이다. 정부를 안 팔면 밥도 못 얻어먹는다. 적은 가끔 정부가 몰락했다고 선전하여도 인민은 안 믿는다. 소수로 됨은 혁명 시에 불가면不可免의 일이요 인물은 변경할 수도 있다. 수만의 유혈로 성립되어 다수 인민이 복종한 지 5년의 역사를 가진 정부를 만일 말살하면 소수는 만족할지 모르나 대다수는 슬퍼하고 외인은 의혹하겠다. 잘못된 것이 있으면 개조하자.

이처럼 김마리아는 임시정부를 개조해 독립운동의 중심이 되어야 한다는 개조파의 입장에 섰다. 고모 김순애와 고모부 서병호는 창조파에 가담했다. 김마리아는 시간이 흐를수록 개조의 가능성조차 옅어지자 창조파를 향해 "그대들이 독립운동자냐, 비독립운동자냐?"라고 물으며 "세계 사람들이 모두 우리 임시정부를 조선민족 임시정부로 승인하고 심지어 일본 사람까지 조선임시정부라고 하여 그 기관이 곧 우리 민족 독립운동 기관의 최고 간부인 것을 시인하거늘 그대들은 말하자면 임시정부를 파괴하겠다고 하니 이것은 도대체 무슨 마음으로 그러는지 모르겠다"고 일갈했다. 하지만 결국 국민대표회의는 4개월이 넘는 마라톤 회의 끝에 1923년 6월 결렬되었다. 국민대표회의 좌절의 아쉬움을 뒤로한 채 김마리아는 1923년 6월 21일 상하이에서 윌슨호를 타고 미국 유학길에 올랐다.

배움의 열망으로
이역만리의 삶을 이겨내다

학업을 위해 미국으로 향하다

　김마리아가 미국으로 떠날 때 임시정부 의정원 의장인 손정도 목사의 딸 손진실과 피치G. A. Fitch 목사가 동행했다. 가는 도중 하와이 호놀룰루에 도착하자 한인들이 부두에 나와 환영했다. 정신여학교 동창인 황혜수가 준비한 환영회였다. 김마리아는 30분 정도 연설을 했다. 김마리아는 하와이에서 프레스댄스 피어스라는 배로 갈아타고 미국 대륙으로 향해 1923년 7월 12일 샌프란시스코항에 도착했다. 그곳에는 대한인국민회 총회장 최진하와 1922년에 먼저 상하이에서 미국으로 건너간 정애경 등이 마중 나와 있었다. 샌프란시스코에 도착한 김마리아는 손진실과 함께 신한민보 편집장 백일규의 집에 묵었다. 백일규의 부인 김낙희는 정신여학교 1년 선배로 대한인여자애국단 재무를 맡고 있었다. 대한인여자애국단은 3·1운동 직후 캘리포니아 지역의 여성들이 조직한 단체였다. 김마리아는 도착하자마자 몸져눕고 말았다. 대한인여자애국단은 7월 22일 환영회를 준비했다. 이 자리에서 김마리아는 독립의지를 갖고 광복 사업에 힘쓰자고 독려했다.

오늘 여러분에게도 감사하다고 하지 않고 "어서 일을 더 많이 하여 주십시오." 합니다. "과거에 쓰시던 그 열성을 그대로 한결같이 써주십시오." 합니다. 광복 사업을 성취하도록 힘쓰시길 바랍니다.

7월 25일에는 최진하 등과 함께 새크라멘토Sacramento에 사는 한인들이 개최하는 환영회가 열렸다. 여기에서도 김마리아는 실력양성을 강조했다.

이에 여러분에게 부탁하는 말씀은 일하시는 분은 부지런히 일하여 금전을 많이 저축하시고 자녀가 있는 분은 공부를 시켜주시고 공부하는 학생은 부지런히 공부하여 우리의 장래를 위하여 준비하는 것이 필요하다고 생각합니다.

7월 28일에는 다누바Dinuba를 방문했다. 이곳 한인들이 마련한 환영회 연설에서는 국민대표회의의 와해를 거론하며 단결과 다시금 실력양성을 강조했다.

우리가 통절히 깨달은 것 한 가지가 있고 가장 굳게 결심한 것 한 가지가 있습니다. 그것은 곧 '단합하기를 공부할 것'이외다. 여러 대표는 이 결심을 품고 헤어졌으니까 민족 단결도 머지않아 될 일이올시다. 모든 일을 개괄해 말씀하면 우리 민족의 일반적 각오가 '인재와 경제력'이 충실해야겠다 하는 것입니다. 만일 우리가 합방 당시에 이 각성이 있었던들 합병이 안 되었거나 3·1운동에 독립을 회복했거나 했을 것이외다. 그러나 이제야 각성이 생겼으니까 요다음 기회까지 기다릴 수밖에 없습니다. 오늘 독립한다면 법리상이요, 경제력이 아니요, 명의상이요, 실제적이 못 될 염려가 없지 않습니다.

8월 4일에는 샌프란시스코 한인교회와 대한인여자애국단이 주최하는 환영회 겸 기념식에 참석했다. 이튿날인 8월 5일에는 대한인여자애국단의 창립 5주년 기념식에 참석해 연설했다. 그리고 며칠 후에는 한인이 가장 많이 살고 있는 로스앤젤레스에 갔다. 큰형부 남궁혁이 미국 유니온신학교에서 박사과정을 밟고 있었으므로 그의 도움으로 호텔에 거처를 마련했다. 김마리아는 미국에 온 후 줄곧 무리한 일정을 소화했던 탓에 결국 다시 자리에 눕고 말았다.

8월 중순 건강을 회복한 김마리아는 안창호의 집에 둥지를 틀었다. 당시 안창호는 국민대표회의가 결렬되자 대한독립당을 결성하고 중국 난징에서 이상촌건설운동을 하고 있었다. 안창호의 부인 이혜련과 그의 자녀 4남매는 김마리아를 환영했다. 이혜련은 김마리아의 삼촌 김필순이 비용을 대주어서 안창호와 결혼식을 치른 일화를 말하며 감사를 전했다. 그는 이혜련의 보살핌을 받으며 한국인이 운영하는 채소 가게에 점원으로 취직했다. 샌프란시스코에서는 일 년간 필사원, 가사 도우미, 도서관 사서 등을 하며 학비와 생활비를 벌고, 한인연합장로교회에 다녔다. 때마침 1924년 1월에 차경신이 미국으로 건너와 서로 의지할 수 있었다. 힘겨운 생활이었지만, 건강하지 못한 몸을 이끌고 독립운동에도 참여했다. 한인들의 신년회에 참가해서는 난징에서 자신이 결성했던 대한기독여자청년회를 위한 모금 활동을 벌이기도 했다.

대학을 졸업하다

김마리아는 1924년 9월 파크대학에 입학했다. 파크대학은 미국 중부 미주리주 캔자스시에 인접한 파크빌에 있는 학교였다. 파크대학은 장로교 정신을 구현할 수 있는 인재를 양성하고 미국 북장로교 선교부의 해외 선교사업을 적극 지원할 목적으로 세운 학교였다. 가난하지만 유망한 학생들에게 일하면서 공부할 수 있는 기회를 제공했는데, 하루에 세 시간씩 교내 노동을 하며 숙식비와 학비를 스스로 충당하도록 했다. 그것은 김마리아가 파크대학을 선택한 이유 중 하나였다.

매일 세 시간씩 일하며 숙식을 얻는다. 너 나 할 것 없이 다 일하니 노동도 신성해 보인다. 유쾌한 생활이다. 나는 돈 없음도 이유일지 모르거니와 우리나라에는 이런 학교가 절대 필요함을 알고 실제로 체험하고자 들어왔다.

파크대학교

김마리아에게 파크대학을 소개한 사람은 김마리아의 상하이 망명을 도왔던 매큔이었다. 그는 파크대학을 졸업했고 설립자인 매카피J. A. McAfee의 딸인 헬렌 매카피와 결혼했다. 김마리아는 입학원서에 자신의 보호자로 매큔을 적었다. 매큔 역시 파크대학 학장에게 추천서를 보냈다.

한국에서 그녀보다 더 훌륭하고 알려진 사람은 없습니다. … 우리 모두가 이르기를 그녀는 우리가 이제껏 알았던 기독교인 중 최고입니다. 극렬한 박해 속에서도 그녀는 박해자를 위해 하나님께 간구했습니다.

샌와킨장로교회 한성권 목사도 1924년 5월 29일자로 입학 추천서를 파크대학에 보냈다. 8월 10일에는 김마리아가 직접 입학 동기와 자신의 열망, 졸업 후 진로 등을 적은 자필 편지와 입학원서를 파크대학 학장에게 보냈다.

> 저는 고국에서 파크대학을 졸업한 몇몇 선교사를 알아왔는데, 언제나 그들을 존경하며 그들이 다닌 학교에 저도 다니기를 희망해왔습니다. 저는 남의 경제적 도움 없이 혼자 힘으로 공부하는 학생입니다. 이러한 경제적 결핍을 이유로 학장님이 저의 입학 허가를 거절하지는 않을 것이라 믿습니다. … 저는 장로교인이며 기독교 사업과 같은 것에 관심이 있습니다. 그러므로 저의 계획과 목적은 기독교적 풍토에서 학생으로서의 생활과 인격을 형성하고 기독교적 지도력을 기르는 파크대학과 같은 학교에서 저 자신을 훈련하고 자질을 갖추는 것입니다. 그러한 품성과 지도력은 세계 도처에서 요구되고 있고 특히 저의 조국에서는 더욱 요구되고 있습니다.

그런데 33살의 김마리아는 1학년 입학이 아닌 3학년 편입을 희망했다. 이 문제가 해결되지 않은 상태에서 입학이 허락되어 9월 7일 파크빌에 도착했다. 매큔은 9월 24일자로 파크대학 담당 교수에게 3학년 입학에 문제가 없다며 "마리아의 지위와 인격을 100% 보증한다"는 내용의 편지를 보냈다. 파크대학은 김마리아를 특별학생으로 입학시키고 학습능력을 보아 다음 학기부터 3학년으로

난징에서 김마리아, 안창호, 차경신(1924)

인정하기로 결정했다. 그러자 매큔은 장로교 선교사들에게 연락해 한국 및 일본, 중국에서 김마리아의 학력 및 성적증명서를 구해 파크대학에 보냈다. 이를 통해 김마리아는 학력을 인정받아 3학년에 편입했고, 우수한 성적으로 과정을 이수했다.

파크대학에서 김마리아는 정신여학교 동창인 이선행과 함께 공부했다. 대학에 재학 중이던 1924년 11월에는 축농증이 악화되어 또다시 일주일간 입원하기도 했다. 김마리아는 퇴원 후 한국에 있는 언니들에게 자신을 '일명 망명객'이라고 칭하며 "당할 때에는 이런 일이 전무후무하리라고 생각하나, 그 후에는 그보다 어렵고 무서운 일도 없지 않습니다"고 자신이 감내한 힘겨운 삶을 표현하면서 자신의 고학이 민족의 실력양성에 보탬이 되기를 바라는 심정을 이렇게 토로했다.

> 맛있는 음식을 대하며 부드러운 의복을 입고 화려한 자연과 인조적 경개를 구경하며 폭신폭신한 침석에 누울 때마다 현재의 경우를 즐김보다 멀리 본국과 서북간도와 원동에 계신 동포 형제들의 정형이 먼저 눈에 보이며 남들이 자는 밤에 뜨거운 눈물로 베개를 적심도 수가 없었습니다. … 해내외를 물론하고 우리 민족이 좋지 못한 지위에 있으며 당하는 고생은 경우와 형편에 따라 일반이니 이것이 무슨 이유일까요. 제가 보는 대로는 없는 것이 이유라고 생각합니다. 종교가, 정치가, 철학자, 미술가, 교육가, 병학가, 문학가가 모두 없으며 금전이 없다고 봅니다. 자기의 천직을 다하는 남녀가 없습니

다. 입과 붓으로 일을 하되 실천궁행하는 이가 없는 듯합니다. 남들의 살림살이를 보니 이상이 실현되었습니다. 한 가지 예를 들어 말씀하면, 여자는 남녀동등, 여자해방을 말함보다 실제로 남자와 같은 학식을 가졌으며 같은 일을 합니다. 우리의 있는 처지 경우를 생각하면 신년을 맞음이 무엇이 그리 기쁘고 즐거우리까만 과도 시기에 처한 우리로서는 이런 경우를 피하지 못할 바이며, 우리의 처사에 따라 후손 존영에 관계된다 함은 깊이 새겨 잊지 아니하려고 합니다.

고학생이었던 김마리아는 1925년 1월 26일 학생장학보조부 부장 앞으로 장학금을 신청했다. 그리고 4월 24일에는 칼라일 목사T. M. Carlisle 목사의 소개로 150달러 대여를 위한 로터리 대부를 신청했다. 1925년 5월 22일 스코필드 박사는 파크대학 학장에게 편지를 보내 김마리아가 고문으로 건강이 나빠 일과 공부를 병행하는 것이 어렵다며 자신이 매달 생활비로 30달러를 보내니 여름방학이나 공휴일 같은 때에만 일하게 해달라고 부탁했다. 1927년 5월 김마리아는 피나는 노력과 주변 도움 덕에 평생교사자격증과 함께 문학사 졸업장을 받을 수 있었다.

고학과 민족운동을 병행하다

파크대학을 졸업한 김마리아는 시카고대학 대학원에 진학해 사회학과 교육학을 전공하고자 했다. 당시 시카고에서는 손진실, 박인덕 등이 학교를 다니고 있었다. 김마리아는 대학원 과정에 준하는 연구생 자격으로 공부하면서 도서관에서 일했다. 당시 미국의 한인 유학생들은 북미대한인유학생총회에 가입해 있었다. 김마리아는 1927년 6월 15일부터 18일까지 시카고의 방큇banquet호텔에서 열린 북미대한인유학생총회 중서부지부 제5차 연례대회에 참석했다. 그는 국외의 정치적 문제를 다루는 제2주제 진행위원장을 맡아 토론을 이끌었다. 그런데 이 무렵 국내에서는 김마리아의 귀국설이 나돌면서 경찰이 긴장하는 해프닝이 일어나기도 했다.

시카고대학에서 약 1년 동안 연구생으로 수학한 뒤, 김마리아는 1927년 말 뉴욕으로 갔다. 컬럼비아대학교Columbia University 사범대학원에 입학하기 위해서였다. 뉴욕에서 황에스더를 만나 함께 여성 유학생들을 모아 1928년 1월 1일에 근화회槿花會를 조직했다. 그 목적은 민족적 정신을 고취하며 대동단결을 도모하고 교육과 실업을 장려하며 본국 사정을 널리 외국 사람에게 소개하여 건국 대업에 원조하는 데 두었다. 근화회 산하 부서로는 실업부, 교육부, 사교부 등을 두었다. 임원진은 회장 김마리아, 총무 황에스더, 서기 이선행, 재무 남궁쏘애안, 실업부 황에스더·안헬린·윤원길, 교육부 김마리아·김애희·주영순, 사교부 박인덕·임메리, 류

컬럼비아대학교

동지 등으로 구성했다. 근화회 발회식은 1928년 2월 12일 뉴욕 한인교회에서 열렸다. 식장에 태극기와 근화회기를 내걸었으며, 벽 전체는 무궁화로 장식했다. 애국가를 부르며 개회했는데, 김마리아는 개회사와 함께 다음과 같이 근화회 결성의 취지를 설명했다.

> 수효가 적은 여자로서 더욱이 오늘과 내일에 일정한 주소가 없는 미국 안에 있는 우리로서 단체 생활 혹은 단체로 무슨 일을 하려고 함에 어려운 점을 보지 못하는 바가 아니나 그렇다고 아무것도 안 하는 것은 너무나 무책임하고 또한 이와 같이 자유로운 땅에서 서로 마주 앉아 우리의 사정을 걱정이라도 하는 것이 우리의 할 일이 아

닐까 해서 이 근화회를 조직했습니다. … 우리는 무슨 큰 사업을 하지 못한다 할지라도 우리의 마음만은 크게는 국가와 사회에, 또한 가까이 있어서는 특별히 뉴욕 사회에 적은 봉사라도 할 수가 있으면 하는 것이 우리 일반 회원의 소원인 동시에 근화회의 이상인즉 어떠한 단체에서든지 우리의 적은 힘이라도 소용된다고 생각하시는 때에는 주저하지 않고 불러주시면 우리의 힘 미치는 것이면 단체로나 개인으로나 즐겁게 응하려고 합니다.

1928년 여름 김마리아는 북미정신여학교유지회 활동에도 나섰다. 정신여학교의 재단법인 설립을 돕고자 미국에 사는 한인들에게 의연금을 모아 보내는 일을 했다. 그해 가을 컬럼비아대학 사범대학원 교육학과에 입학했다. 이듬해인 1929년 3월에는 뉴욕 한인들이 3·1운동 10주년 경축행사를 벌일 때 독립운동 진상에 대해 연설하기도 했다. 그해 6월에는 석사학위를 취득했고, 이 무렵 안창호의 흥사단에 가입했다. 흥사단은 1913년에 창립한 이래 단우를 엄격히 가려 선발했는데, 김마리아는 228번째로 입단했다. 그리고 1930년 12월 27일과 28일에 열린 흥사단 제17회 뉴욕 대회에서 '대한민족과 흥사단'이라는 주제로 연설을 했다.

김마리아는 1929년 북미대한인유학생총회 부회장에 선출되어 1932년까지 활동했다. 1929년 6월 북미대한인유학생총회의 동부지방대회가 열렸을 때에는 농촌문제를 다루는 토의회의 연구위원으로 활동했다. 1929년 9월 뉴욕신학교에 입학해 종교교육학을 공부하기 시작했다. 그해 12월 15일에 개최된 시카고국제학생회의 학생총회에서는 이사장으로 당선되어 활동했다. 그런데 1929년은 미국에 대공황이 닥친 해였다. 김마리아는 고학생으로서 더욱 험한 길을 걸어야 했다.

> 10년이나 두고 고학한 나는 별별 험한 일 궂은 일 한 차례씩은 다 치러보았습니다. 남의 집 종살이부터 여급의 신세며 점원, 행상 등으로 양키 천하에서 갖은 경멸과 천대를 받으며 … 방학을 하고 교문을 나서니 무엇보다도 아침과 저녁이 문제되리만큼 절망한 경제공황이 따라 듭니다.

그해 여름방학에는 간호부 생활을 했는데 종살이라고 표현할 만큼 고생스러웠다. 철없는 부인 밑에서 휴식 시간도 없이 밥하고 청소하고 두 아이들을 돌보는 중노동에 시달렸고 비인간적 대우를 받았다. 경제공황의 여파로 당시 뉴욕한인교회 지하실에 모인 한국 유학생들은 호주머니를 털어 몇 개의 빵과 한 병의 우유를 사다가 나누어 먹어야 할 만큼 딱한 처지에 놓였다. 대공황을 겪으며 고생한 김마리아는 귀국 직후인 1932년 『신동아』 인터뷰에서 유학을 권하지는 않겠다고 단언했다. 그만큼 고생스럽게 공부했던 것이다.

> 유학 가려는 사람이 있다면 한사코 말리겠습니다. 공부하겠다는 장

김마리아의 글이 실린 북미학생총회의 기관지 『우라키』
(1933)와 기사 속에 실린 김마리아의 사진

거는 칭찬할 만하지만 후에 가서 당한 끔찍스러운 고생은 차마 못 당할 것입니다.

대공황 시절을 지나고 1931년 2월 북미대한인유학생총회는 '오늘의 한국이 가장 필요로 하는 것은 무엇인가'라는 주제로 심포지엄을 개최했다. 김마리아는 '진취적이나 협동적인 지도력'이라는 주제로 참여했다. 그녀는 "한국 사회에는 모세와 같은 지도자가 절실하게 필요한데 하늘에서 저절로 떨어지는 것이 아니므로 우리가 만들고 그 지도자에 협력하는 것이 중요"하다고 주장했다. 김마리아는 고등교육을 받은 여성 엘리트로서, 민족을 이끌 수 있는 지도력을 스스로 갖추고 그를 바탕으로 하여 더 많은 지도자를 배출하는 것이 독립의 길이라는 신념을 갖고 있었음을 알 수 있다.

감시받는 삶이 끝나다

그리운 고국으로 돌아오다

김마리아는 대한민국애국부인회 사건으로 3년형을 선고받았으니 병보석으로 형 집행이 정지가 된 상태에서 망명했다. 그로부터 11년이 지난 1931년 5월 마침내 공소시효가 만료되었다. 그리고 그해 6월 뉴욕신학교에서 신학사 학위를 받았다. 이후 미국과 캐나다에 순회강연을 다니면서도 먼 타국 생활을 접고 돌아가기를 간절히 원했다. 늘 한국 음식, 한국 집, 한국 옷을 그리워했다.

늘 고국으로 나오고 싶은 마음으로 꽉 찼었지요. 조선으로 나오면 어떻게 생활하고 어떤 모양으로 지내겠다고 공상으로 꽉 찬 생활을 했습니다.

김마리아의 귀국 여부는 앞서 1927년에 귀국설이 돌 만큼 세인의 관심사였다. 1929년 10월 26일자 『중외일보』가 다시 관심을 보이며 김마리아의 사촌인 김세라의 남편인 고명우의 말을 전했다.

학사모를 쓴 김마리아

내가 작년에 나올 때도 보았습니다만 지금은 건강도 회복되고 그곳 기후와 풍토가 더욱 맞는 것 같습니다. 그리고 자기로서는 학생생활은 언제까지든지 계속하고 싶다는 것입니다마는 우리로서는 될 수 있으면 고국에 돌아와서 일하고 살았으면 합니다. 자기도 그런 생각이야 있겠지요마는 모든 것이 뜻대로 됩니까?

김마리아에게 귀국의 문을 열어준 것은 캐나다선교회였다. 김마리아는 뉴욕신학교에 입학한 후부터 미국여선교사회 활동에 참여했다. 1931년 1월 10일부터 12일까지 뉴욕에서 세계외국인여선교회연맹 회의가 열렸다. 한국, 중국, 인도, 필리핀, 일본 등 아시아 대표들이 참석했는데 김마리아가 한국 대표로 연설했다. 1932년 2월 12일 미국여선교회가 북미대한인유학생총회 동부지부와 연합해 뉴욕 한인교회에서 세계 기도의 날 모임을 주최할 때도 김마리아가 한국을 위한 기도를 맡았다. 김마리아는 캐나다 토론토에서 열린 세계학생기독교연맹대회에 참가했다가 캐나다 선교사로서 원산에 마르다윌슨여자신학원Martha Wilson Memorial Womens's Theological School을 설립한 매컬리L. H. MaCully를 만났다.

경성역(지금의 서울역 구역사)

매컬리는 소래교회를 담임했던 매켄지 목사의 약혼자였다. 매컬리는 김마리아를 교수로 초빙했고, 캐나다 장로회선교회에서는 조선총독부에 김마리아 귀국 문제를 타진했다. 선교회에서는 김마리아가 귀국 후에 정치운동에 간여하지 않고 종교교육에만 종사할 것이라고 주장했다.

마침내 김마리아는 1932년 6월 23일 미국을 떠나 귀국길에 올랐다. 토론토에 있는 캐나다 선교부를 거쳐 대륙횡단열차를 타고 밴쿠버에 도착해 7월 2일 캐나다호에 승선했다. 7월 7일 배가 하와이에 정박하자 대한부인구제회가 개최한 환송회에 참석했다. 김마리아가 탄 배는 태평양을 건너 7월 16일 일본 요코하마에 도착했다. 이곳에서 김마리아는 수상경찰서에 연행되어 9시간 동안 취조를 받은 다음에야 마침내 그리던 고국 땅을 밟을 수 있었다.

신학교 교수가 되다

1932년 7월 20일 김마리아는 경성역에 도착했으나 원산행 기차가 없어 사촌 김세라의 집에 묵었다. 김마리아는 다음 날 원산으로 떠나 일주일을 머문 후 다시 8월 1일에 상경했다. 다음 날 오후 4시 정신여학교 동창회에서는 한강에 배를 띄우고 환영회를 개최했다. 8월 하순에 서울에 왔을 때에는 갑자기 체포되어 경기도경찰부에 이틀간 구금되기도 했다. 이때 경찰이 취직 금지를 명해 원산에 가지 못하고 서울에 머물렀다.

김마리아의 귀국은 큰 화제를 모았다. 김마리아는 "당분간은 글이나 공석에서 말이나 그런 것을 절대로 아니 하기로 생각했습니다. 도무지 그동안 고국의 신문이나 잡지를 못 읽어서 조선에 대한 상식이 너무 없어서 알고 배울 때까지 함구하려고 합니다"라고 했지만 많은 사람들이 그녀의 말과 행보에 관심을 보였다. 9월 6일에는 윤치호, 함태영, 장선희, 신의경, 황에스더 등 30명이 함께 김마리아와의 간담초대회를 식도원에서 가졌다. 유각경이 사회를 보았으며 김활란, 송진우가 환영사를 하고 김마리아가 답사를 했다.

김마리아에게 내려진 취직 금지령은 1933년 봄에 해제되었다. 하지만 성경 과목 이외에는 어떤 과목도 가르칠 수 없었다. 마르다윌슨여자신학교 교수가 된 김마리아는 가난 때문에 공부할 수 없는 학생들을 돕는 일에 앞장섰다. 이때 만난 학생 배학복은 1933년에 19살의 나이로 가출해 여자신학원에 입학원서를 냈다.

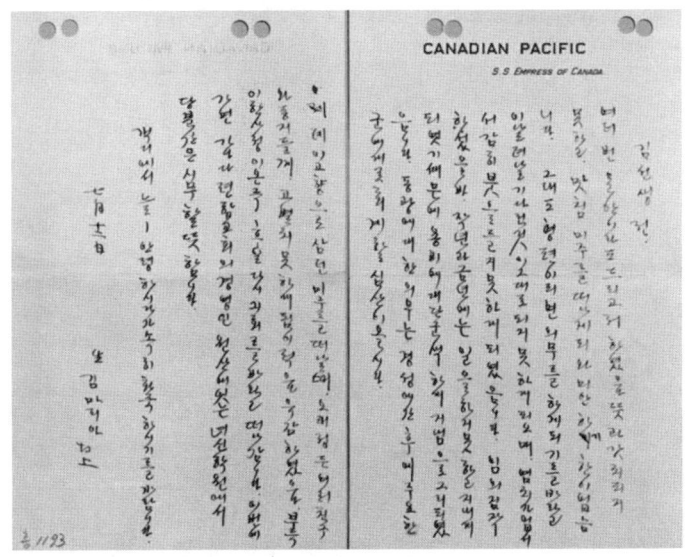

김마리아가 김병연에게 보낸 편지(1932년 7월 12일)

입학 면담을 하며 이 사실을 알게 된 김마리아는 배학복의 학비 보증을 하고, 그를 양녀로 삼아 함께 생활했다. 그 밖에도 여름방학이면 학생들과 함께 농촌계몽운동에 참여하는 등 사회를 위해 힘썼다.

김마리아는 기독교인의 3분의 2가 여성임에도 기독교 안에 똬리를 틀고 있었던 남녀차별을 문제 삼았다. 1934년 『종교시보』 3-1호에 「조선기독교여성운동」이라는 글을 게재하여 기독교의 남녀평등사상을 역설했다.

하나님께서 태초에 우주를 창조하신 후에 일남일녀를 창조하시고 인권에 대한 차별이 없이 아담과 이브에게 만물을 주관하라고 명하였으며 예수께서도 부부는 일신이라 가르치셨고 여자를 열등시 하신 일은 한 번도 없었다.

이렇게 남녀동등을 주장하면서도 김마리아는 여성은 "자신의 직분을 지켜 집안을 잘 다스리고 아들딸의 교육에 정신을 쓰되, 그러고도 남는 시간이 있다면 그때에 사회 일도 민족의 일도 함이 좋을 것"이라며 보수적인 여성관을 천명하기도 했다.

김마리아는 귀국과 동시에 기독교 여성 지도자로서의 역할을 마다하지 않았다. 그녀는 1934년 여전도회 제7대 회장으로 선출되어 제10대까지 연이어 회장을 맡았다. 여전도회는 1898년 평양 널다리골 교회에서 신반석, 김정선 등 63명의 여성 기독교인들이 처음 결성한 조직이었다. 여전도회 회장으로서 그는 조직 확대에 힘썼고, 1936년 여전도회는 23개의 지방연합회에 2만 7,401명에 달하는 회원 수를 자랑하는 조직으로 성장했다. 김마리아는 1937년 매달 셋째 일요일을 여전도회 주일로 지정하는 데에도 성공했다.

1937년 중일전쟁이 발발하면서 기독교계는 신사참배의 압박에 직면했다. 마침내 1938년 9월 10일 장로교전국총회가 열려 주기철, 채정민, 이기선 등 신사참배 반대파 목사들을 예비검속한 상태에서 총회장 홍택기를 비롯해 이승길, 김일선, 박응률 등의 목사들

김마리아가 미국에서 귀국할 때 지니고 온 여권(1933)

원산 마르다윌슨여자신학교 시절의 김마리아

이 나서서 신사참배를 가결했다. 그러자 여전도회는 총회의 결정에 따르는 것이 규칙이었으나, 신사참배만은 거부하며 공식모임을 열지 않았다. 1940년에는 여전도회연합대회를 유회流會시키고 실행위원회를 소집해 대회 안건을 처리했다. 1941년 평양 서문밖교회에서 열린 여전도회연합대회도 긴급 실행위원회를 소집해 산회散會시켰다. 이때 회장은 이순남, 부회장은 김마리아였다. 1942년 평양 장대현교회에서 열린 여전도회연합대회에서는 김마리아가 신설할 예정인 여자신학부의 이사로 선출되었다. 마르다윌슨여자신학교는 이듬해인 1943년에 결국 폐교되었다.

고문 후유증이 죽음을 부르다

김마리아는 두 번의 감옥생활과 고문으로 인한 후유증에 평생 시달렸다. 증세가 다소 완화되었다가 다시 심하게 재발하는 고통을 반복하여 겪었다. 김마리아는 귀국 후인 1935년에도 원산 구세병원에서 다시 중이염과 축농증 수술을 받았다. 말년에 김마리아를 가장 가까이에서 돌본 배학복의 회고에 따르면 김마리아는 늘 건강이 좋지 않았다.

평소에도 자주 놀라시고, 안색이 누렇고 검어 늘 병인의 모습이 역연하셨다. 특히 심한 두통으로 고생하셨다. 고문당하기 전에는 한 번도 머리 아픈 일이 없었다고 하시며, 고문받을 때 몸에는 상처를 내지 않으려고 머리만을 때려, 그때부터 늘 안개가 낀 것처럼 머리가 윙윙거리고 아프다고 하셨다.

그뿐 아니라 고문 후유증으로 체형마저 뒤틀린 상태였다고 한다.

선생님의 어깨는 왼쪽이 조금 올라가 있어, 한복을 잘못 지으면 옷섶이 들여 옷매무새가 없게 되므로 나는 선생님의 체형에 특히 신경을 써서 옷을 지어드렸다. … 나중에 안 일이지만, 선생님의 어깨가 비뚤어진 것은 일경의 심한 고문 때문이었다고 한다.

결국 김마리아는 고문 후유증을 이기지 못했다. 1943년 12월 7일 김마리아는 잠자리에 들기 전 화장실에 갔다가 뇌출혈로 쓰러졌다. 배명진 전도사가 발견해 12시간 만에 깨어났다. 한 달 후에는 양녀인 배학복이 식사 감독으로 있고, 김명선 박사가 원장으로 있는 평양 기독병원에 입원했다. 하지만 이미 이때 극심한 신경쇠약에 시달리며 자주 졸도하는 중환자였다. 여기서 김마리아는 서양 의사로서 한의학을 공부했던 형부 방합신이 보낸 한약을 직접 달이다가 쓰러진 이후 깨어나지 못했다.

김마리아는 1944년 3월 13일 새벽, 53세를 일기로 눈을 감았다. 장례는 양자인 김태국을 상주로 하여 3일장으로 치러졌다.

1937년 6월 29일 밤, 김마리아는 자신의 집 문 밖에서 아기 울음소리가 나는 것을 듣고 누군가가 남자아이를 두고 갔다는 것을 알게 되었다. 김마리아는 그 아기를 경찰서에 데려갔다가 다시 집으로 데려와 태국이라 이름을 짓고 호적에 아들로 올린 후 자신이 키웠던 것이다. 채필근 목사의 집도로 장례식을 거행한 후 김마리아의 유해는 그녀의 유언대로 화장해 대동강에 뿌렸다.

김마리아는 3·1운동이라는 역사적 사건에서 처음 등장한 여학생을 상징하는 신여성이었다. 기독교 집안에서 태어나 기독교계 여학교를 다니며 근대교육을 받았고, 일본과 중국, 미국에서 유학했다. 하지만 그녀는 순탄한 신여성의 길을 걷지 않았다. 3·1운동을 시작으로 하여 독립운동에 투신할 기회가 있을 때마다 헌신했다. 그녀는 두 번의 체포 과정에서 당한 고문으로 생사를 오가면서도 망명을 감행했다. 중국과 미국에서의 망명을 끝내고 돌아와 여성 기독교 지도자로서의 삶을 살던 김마리아는 끝내 고문 후유증을 이기지 못하고 죽음을 맞았다.

참고문헌

김경일, 「식민지시기 신여성의 미국 체험과 문화 수용: 김마리아, 박인덕, 허정숙을 중심으로」, 『한국문화연구』 11, 이화여대, 2006
김영란, 『조선과 여성을 비춘 불멸의 별 김마리아』, 북산책, 2012
김영삼, 『김마리아』, 태극출판사, 1973
김옥선, 『빛과 소금의 삶: 김마리아 선생의 생애』, 보람문화사, 1994
김호일, 「기독교 교육가 김마리아 연구」, 『인문학연구』 36, 중앙대, 2003
노영희, 「김마리아, 민족혼에 대한 자각과 여성해방운동」, 『한림일본학연구』 6, 2001
박용옥, 『한국여성독립운동사연구』, 지식산업사, 1996
박용옥, 「대한민국애국부인회와 김마리아」, 『나라사랑』 30, 1978
박용옥, 「김마리아의 망명생활과 독립운동」, 『한국민족운동사연구』 22, 1999
박용옥, 『김마리아: 나는 대한의 독립과 결혼하였다』, 홍성사, 2003
유준기, 「김마리아의 생애와 독립운동」, 『한국보훈논총』 8-1, 2009
전병무, 『한국 항일여성운동계의 대모, 김마리아』, 역사공간, 2013
황민호, 「김마리아의 국내에서의 독립운동과 대한민국애국부인회」, 『한국민족운동사연구』 99, 2019

개성의
첫 시위를 이끌다

권애라

이지원

근대교육을 받으며 성장하다

강화도에서 태어나 개성에서 자라다

권애라는 1897년 음력 2월 2일 안동 권씨가 대대로 살아온 강화도 교동면 동산리 금정골 763번지에서 아버지 권태신(후일 민신으로 개명)과 어머니 창원 황씨 사이에서 무남독녀로 태어났다. 그의 이름은 한자로는 愛羅인데, 서양 이름 애나Anna와 통한다. Anna는 성모聖母 마리아의 어머니의 이름이다. 이름에서 짐작할 수 있듯이 권애라는 가톨릭 집안에서 태어나 성장했다. 가톨릭 신자인 아버지 권태신은 권애라가 두 살 때 동산리에서 20여 리(약 7~8km) 떨어진 반대편 해안의 지석리 밤머리나루에서 넓지 않은 바다를 건너 개성으로 이주했다.

당시 강화에서 가장 수월하게 왕래할 수 있는 대처는 개성이었다. 강화 지석리 밤머리나루에서 출발하여 개풍군 관산마을의 나루에 닿으면 개성으로 쉽게 다닐 수 있었다. 개성으로 이주한 권태신은 개성 만월대 인근에 터를 잡고 가톨릭 교회의 일을 보았다. 어머니 황씨는 개성으로 이주하고 얼마 지나지 않아 세상을 떠났다. 그후 권애라는 새어머니 김씨의 슬하에서 자랐다.

개성시가 전경

개성은 고려 시대에는 왕성이 있었고, 조선 시대에는 독자적인 상업도시로 성장했던 곳이다. 개성의 상인들은 정치권력에 의존하지 않고 지방 장시市나 원격지로 가서 장사하는 지방출상, 상인들이 전문경영인을 기르는 차인差人제도, 송도사개치부법松都四介治簿法 등 자신들만의 수준 높고 독특한 상업 시스템을 개발, 발전시켰다. 개성의 남대문을 중심으로 한 시장 거리에는 많은 상인들이 거주했는데, 많을 때에는 1만 명을 넘기도 했다.

그러나 활발한 상업도시 개성이 결코 여성에 대해 진보적인 도시는 아니었던 것 같다. 1923년 11월 『동아일보』 기자 유광렬이 개성을 탐방한 뒤에 쓴 기사를 보면 "서울에서는 부인이 뒤집어쓰는 장옷이 폐지된 지 오래된 이때에 개성의 길거리를 거르면 '치마' 쓰고 다니는 부인을 많이 보겠는 것은 마치 西關(서관, 황해도와 평안도)을 가면 머리를 틀어 올린 것이 많은 것과 같다. 무슨 연고로 치마를 뒤집어쓰고, 무슨 연고로 세상 모든 부인네들이 다 보여도 관계치 않은 것을 개성 부인네들만은 치마를 뒤집어써야 할고? 이것이 구관이라면 구관이라고도 하리라"고 했다. 당시 서울에서는 외출할 때 장옷을 쓰는 여성이 없었지만, 개성에는 여전히 장옷을 쓰고 다녔던 것이다. 이 기사를 쓴 1923년은 권애라의 어린 시절보다 십여 년 후이다. 따라서 권애라의 어린 시절 개성의 분위기는 더욱 보수적이었으리라 짐작할 수 있다. 개성 전체의 분위기에 비해 권애라의 부모는 보수적이지 않았던 것 같다. 아버지는 종교의 자유를 택해 가톨릭 신자가 되었고, 권씨 문중이 대대로 살아온 터전을 떠나 개성으로 이주할 정도로 진취적인 생각을 가진 사람이었다.

권애라의 집은 개성 시내에서 북쪽인 만월정 327번지였는데, 기독교계 학교인 송도고보나 호수돈여학교와도 가까웠다. 후일 모스크바에서 개최된 극동민족대회에 참가할 당시 사회적 지위를 지주라고 쓴 것을 보면 그의 집안은 경제적으로 넉넉했던 것 같다. 권애라의 아버지는 딸의 교육에 적극적이었다. 열린 생각을 갖고 있었던 그는 어려서는 권애라에게 한문을 가르쳤으며, 7살에는 개성 남감리교계의 두을라斗乙羅여학교 초등과에 입학시켰다.

한국에서 근대교육은 갑오개혁의 홍범 14조에 따라 1895년 2월 「교육입국조서」, 7월 「소학교령」, 8월 「소학교규칙대강」에서 처음 언급되었는데, 여성을 위한 교육은 '여아女兒를 위해서 재봉시간을 따로 둘 수 있다'는 정도로 소략했다. 그러한 가운데 실제로 여성교육을 담당한 것은 기독교계 여학교들이었다. 1886년에 이화학당, 1895년에 정신여학교, 일신여학교(부산), 1896년에 숭현여학교(평양), 1897년에 영화학교(인천), 1898년에 배화학당, 1903년에 숭의학교(평양), 루씨여학교(원산), 정명학교(목포), 1904년에 호수돈여학교(개성), 진성여학교(원산) 등이 설립되었다.

권애라가 입학한 두을라여학교는 나중에 호수돈여학교로 교명이 바뀌었다. 두을라여학교는 1899년 12월에 미국 남감리교 여선교사 캐럴Carroll(한국명 갈월葛月)이 열었던 주일학교에서 비롯했다. 이후 1904년에 한옥 한 동을 마련하고 정식 학교를 설립하여 12명의 여자아이를 교육하면서 개성에서의 여성교육의 시초를 열었다. 처음에는 개성여학당이라고 칭했으나, 창설 때부터 경제적으로 큰 도움을 준 '두을라Tallulah'의 이름을 따서 두을라여학교라고 불렀다. 1906년에는 「보통학교령」에 따라 교과목이 쇄신되었고, 수업 연한이 4년으로 확정되었다. 교과목은 남감리교 선교부의 학교 설립 목적에 따라 수신修身 과목을 성경으로 대치하고, 영어·서양사·동양사·수학·생리학 등을 가르쳤다. 설립 당시부터 학생들에게서 일체의 공납금을 받지 않고 학습용구나 식비, 용돈을 학당學堂에서 지원했으며, 전원 기숙사에서 생활하도록 했다. 그러나 권애라는 기숙사 생활을 하지 않았던 것 같다. 새어머니 김씨가 아침마다 권애라의 책가방을 챙겨서 학교에 보내고, 학교에서 돌아와 인사할 때 가방을 받아들고 방 안으로 들어갔다고 하는 증언을 한 것을 보면, 권애라는 집과 가까이에 있는 학교까지 매일 통학했던 것 같다. 1908년 두을라여학교는 미국 남감리교 홀스턴Holston 연회의 재정적 지원을 기념하여 홀스턴을 한자음으로 빌려 표현한 호수돈好壽敦여학교로 교명을 바꾸었다. 을사늑약 이후 설치된 통감부는 1908년 칙령 22호로 고등여학교령을 공포하여, 여성중등교육을 처음 시작했다. 당시 통감부는 한국에 대한 교육정책에서 중등교육기관인 중학교를 고등학교로 명칭을 바꾸고, 식민지 교육의 최종학력을 중등교육으로 마치려고 했다. 근대 여성중등교육은 이때 처음 도입되었다. 여학교도 고등여학교라 했지만 실제로는 중등교육이었다. 고등여학교령에 의해 1908년 최초의 관립 중등여학교인 한성고등여학교가 설립되었다. 고등여학교는 예과 2년과 본과 3년 과정을 두었다. 당시에는 보통학교 출신 여학생이 많지 않았기 때문에 예과를 두어 2년간 보통학교 교과정도를 교육받게 했다. 그러나 호수돈여학교는 사립학교로서 보통학교 과정을 이미 실시하고 있었기 때문에, 권애라는 보통학교 과정을 마치고 중등교육과정인 본과로 진학할 수 있었다. 권애라는 1910년 두을라여학교 보통학교 과정을 졸업하고, 곧바로 중등교육과정으로 진학했다.

근대 여성교육을 받으며 국권의식을 기르다

권애라가 다닌 호수돈여학교는 개성에서 대표적인 기독교계 여학교였다. 호수돈여학교는 1909년 5월에 3년제 중등과정의 인가를 받고, 1910년 호수돈여숙으로 개칭하면서 중등과정의 수업 연한을 4년으로 연장했다. 1911년 조선총독부가 발표한 1차 조선교육령에는 여자고등보통학교의 수업연한은 3년이라고 했으나, 실제로 여성교육을 먼저 실시했던 이화학당 등 기독교계 여학교들은 수업 연한과 교육과정이 융통성 있게 운영되는 경우가 많았다. 호수돈여학교 중등과정은 1913년에 첫 졸업생 10명을 배출했다. 권애라가 호수돈여학교에 다닌 때는 개성에서 여학생의 중등교육이 시작될 무렵이었다. 그는 개성이라는 도시의 한쪽에서 여성교육을 선도하는 근대 기독교계 학교를 다니면서 성장했다.

당시 여성이 학교를 다닌다는 것은 집 밖으로 나와서 교육을 받고 일상을 누리는 생활을 인정받는 것이었다. 시간에 맞추어 교육받으며 생활하는 학교는 당시 여성들에게는 새로운 사회였다.

권애라는 여성교육에 적극적이었던 부모님의 지원과 보살핌 속에서 보통교육을 마치고 호수돈여학교 중등교육과정에 입학해 지식을 쌓고 능력을 계발하며 주체적인 인격체로 성장해나갔다. 당시 기독교계 여학교에서는 성경과 웅변, 영어, 음악 등을 필수로 가르쳤는데, 권애라는 특히 여성의 자각이나 사회성을 드러내는 웅변과 음악에 두각을 드러냈다. 그녀는 좌중에서 이야기를 이끌어

1910년대 호수돈여학교 전경

갈 정도의 언변이 좋고 토론에 능했으며, 음악 수업에서 배운 노래도 곧잘 불렀다. 호수돈여학교 재학 시절에 그는, 훗날 시인이 된 동기생 장정심과 쌍벽을 이루는 두각을 나타냈다. '시의 장정심, 노래의 권애라'라고 할 정도로 호수돈여학교에서 매년 열리는 학예회의 주인공은 장정심과 권애라였다. 권애라는 음색이 곱고 음량이 풍부하여 노래를 부르면 좌중의 눈이 휘둥그레지고 많은 사람들이 숨죽이며 들을 정도였다고 한다. 훗날 그의 조카들은 "애라 고모는 참으로 명창이 울고 가게 노래를 잘했다"고 기억했다.

권애라는 근대적인 여성교육을 받으며 한 사람으로서의 주체성을 확립하고, 사회의식과 국권의식도 키워나갔다. 그가 중등과정에 입학한 1910년에는 대한제국이 국권을 상실하는 비극적인 사건이 일어났다. 국민 각자의 사회적 존재와 정체성이 본인의 선택과는 상관없이 바뀐 상황에서 권애라 역시 국권과 사회에 대한 충격과 자극을 받았다. 그리고 일본에 빼앗긴 나라를 되찾아야 한다는 의식 또한 기르게 되었다. 권애라가 1961년 9월 부산대학교 해직교수 이종률李鍾律과 한 인터뷰에 따르면 중등과 3학년이던 1912년 어느 가을날, 급우인 장정심과 함께 호수돈여학교 옥상에 올라가 잃어버린 나라를 생각하며 울고는 조국의 독립을 위해 일하다가 함께 죽자는 맹세를 했다고 한다. 그는 하루아침에 조국을 강점당한 원통함을 느끼며 나라의 주권을 되찾는 것이 중요하다는 의식을 가졌다.

권애라

1914년 봄, 18살에 호수돈여학교 중등과정을 마쳤다. 그 후 권애라는 경성의 이화학당 유치사범과에 입학했다. 당시 여학생을 위한 중등교육이 늘어나는 추세인 반면, 중등교육을 이수한 학생들을 위한 고등교육의 기회는 거의 없었다. 여성고등교육을 처음 시도한 이화학당은 1912년 5월 7일 조선총독부령의 인가를 받아 보통과 4년, 중등과 4년, 고등과 3년, 대학과 4년의 교육과정이 설치되어 있었다. 이화학당 유치사범과는 1915년 개설되었는데 2년 과정이었다. 유치사범과에서는 성경, 영어, 율동과 유희, 유치원 노래, 유치원 교수법, 장난감만들기, 아동심리, 체조 등을 가르쳤다. 경성으로 온 권애라는 이화학당에서 기숙사 생활을 했는데, 수업이 끝나면 다른 학생들을 모아놓고 어떻게 하면 우리나라가 독립을 할 수 있을지를 토론하며 독립운동에 가담할 것을 하느님 앞에 맹세했다. 이화학당에는 1907년부터 이문회以文會(Literary Society)라고 하는 문학동아리 성격의 학생자치단체가 있었다. 일주일에 한 번씩 주제를 정해 토론과 연설을 했으며, 시와 연극 발표, 피아노 독주, 독창 발표와 같은 기회를 통해 학생들은 개성과 능력을 발휘했다. 권애라는 이와 같은 교육환경에서 자신의 생각을 말하고 표현하는 훈련을 하고, 그 능력을 한층 더 키울 수 있었다. 그녀는 개성과 멀리 떨어지지는 않았으나 서울이라는 더 크고 넓은 장에서 사회문화적인 자극을 받았으며 성장할 수 있는 기회를 누렸다.

권애라는 여성교육의 선도적 위치에 있던 이화학당에서 전문적인 직업교육을 받았을 뿐 아니라 3·1운동 당시 각자의 위치에서 활약을 한 동문들과도 만났다. 유관순은 15살이던 1916년에 입학했는데, 두 사람은 권애라가 이화학당을 졸업한 1918년까지 같은 공간에서 생활했다. 그리고 이때 이화학당 교사 박인덕과도 친교를 맺었다. 박인덕은 권애라와 동갑이었으나, 1916년에 이화학당 고등과를 졸업하고 이화학당에서 학생들을 가르치고 있었다. 박인덕과 권애라는 3·1운동으로 서대문감옥에 투옥되었을 때에도 만나게 된다.

개성의 3·1운동을 촉발하다

개성에 독립선언서가 전달되다

1916년 개성에서는 처음으로 유치원이 설립되었는데, 호수돈여학교 부설이었다. 1918년 이화학당 유치사범과를 졸업한 권애라는 호수돈여학교 부설 유치원의 교사로 부임했다. 호수돈여학교에서 초중등교육을 받고 이화학당 유치사범과를 졸업한 권애라는 이 유치원의 교사로 적임자였던 것이다.

근대교육을 받은 여성이 주체적인 삶을 영위하려면 경제적 자립이 필수였다. 경제적 자립을 위해서는 먼저 직업을 가져야 했는데, 근대교육을 받은 여성으로 성장한 권애라는 자신이 배운 것을 통해 주체적인 삶을 영위하고 사회적 역할을 수행할 수 있는 기회를 갖게 된 것이다. 1919년 3월 3·1운동이 일어날 무렵 권애라는 개성의 유치원에서 교사로 일하고 있었다.

1919년 1월 18일, 제1차 세계대전 전후 처리를 위한 파리강화회의가 개최되었다. 1918년 말부터 국내외 지식인들은 세계정세를 주시하며 독립운동을 준비하고 있었다. 상하이에서는 여운형이 파리강화회의에 신한청년당 대표로 김규식을 파견했고, 이 사실을 알리고 독립운동을 촉구하기 위해 국내로 밀사를 파견했다. 도쿄에서는 유학생들이 '2·8독립선언'을 준비하며, 국내에 송계백을 보내 그 준비 소식을 알렸다. 1919년의 국제정세와 분위기를 파악한 국내외 지식인들은 바로 이때가 한국인이 자주민임을 알리고 독립의 열망을 표출할 수 있는 절호의 기회라고 인식했다. 이 기회를 놓치지 않으려는 종교계 인사들과 학생들이 준비한 독립선언식과 만세시위는 3·1운동으로 표출되었다. 1910년대 일제의 강점 하에서 정치 결사의 자유는 없었다. 그러한 상황에서 비정치적인 최소한의 활동이 허용되는 곳은 학교나 종교 시설이었다. 종교인과 교원, 학생 등이 중심이 되어 3·1운동을 꾀한 것은 정치 결사의 자유가 없는 여건 속에서 그나마 여러 사람들이 모여 논의를 할 수 있는 조직이 종교단체나 학교였기 때문이다.

개성에서도 변화하는 세계정세 소식을 접한 개신교 목사나 교사들이 3·1운동과 같은 독립운동에 대해 의논했다. 2월 25일 남감리교 목사 오화영과 연계된 김지환은 당시의 세계정세와 독립청원에 대해 개신교 목사 강조원, 송도고보 교사 이만규, 호수돈여학교 서기 신공량, 이강래, 오진세 등과 논의를 했다. 강조원은 배재학당에 입학하여 3년생으로 중퇴한 후, 1917년 남감리교의 목사가 되어 개성 충교예배당에서 종사하고 있었다. 그는 독립의 취지는 찬성하지만, 독립운동의 효과가 있을 것이라고 생각하지 않기 때문에 운동의 책무를 맡지 못하겠다고 했다. 함께 모였던 사람들의 의견이 강조원과 같았기 때문에 이들은 아무 결론을 내리지 못

개성시가 전경

하고 해산했다.

이러한 상황에서 2월 28일 개성에 독립선언서가 도착했다. 독립선언서에 서명한 '민족대표 33인' 가운데 한 사람인 오화영은 개성에 사는 동생 오은영을 통해 2월 27일 밤 서울에서 인쇄된 독립선언서 80~200장을 전달하고, 강조원 등에게 독립선언서 배포와 만세시위를 촉구했다. 독립선언서가 도착하자 강조원은 2월 28일 밤 이만규, 신공량 등과 남부예배당에 모여 독립선언서 배포에 관해 의논했다. 강조원은 사안이 교회에 관한 것이 아니고 일반인에 대한 것이므로 예배당에서 배부할 성질의 것이 아니라고 보았다. 독립선언서 배포에 동의하지 않았던 것이다. 논의를 했지만 끝내 독립선언서를 배포하겠다고 나서는 사람이 없었다. 그러자 강조원은 독립선언서 배포를 보류하고 신공량을 시켜 북부예배당 지하실 석탄창고 한쪽 구석에 독립선언서를 감추게 했다. 이렇게 독립선언서는 어두운 지하실에 숨겨지고 말았다.

숨겨진 독립선언서를 찾아내 배포하다

개성은 경기도에서 유일하게 2월 28일에 독립선언서가 미리 배포된 곳이었지만, 실질적인 배포나 만세운동에 대한 아무 준비나 계획 없이 3월 1일을 맞이했다. 이러한 상황에서 3월 1일 예배당 지하실에서 독립선언서를 가지고 나와 그것을 배포하고 만세운동을 촉발한 사람이 권애라였다. 권애라는 3월 1일에 독립선언서가 배포되지도 않고 만세운동도 일어나지 않는 상황을 이상하게 여기고 호수돈여학교 교내에서 학교 서기 신공량에게 "독립선언서가 개성에 도착했다고 들었는데 왜 배포하지 않느냐?"고 따져 물었다. 신공량은 "부인은 나서지 않는 것이 좋다"고 하며 독립선언서에 대해 함구하려고 했다. 그러나 권애라는 긴박한 시점임을 알아차리고 신공량을 다그쳤다. 마침내 북부예배당 지하실에 독립선언서를 숨겨놓았다는 것을 알아낸 권애라는 신공량을 앞세워 독립선언서를 직접 갖고 나왔다. 그러고는 곧바로 호수돈여학교 기숙사 내에서 생활하고 있던 전도부인 어윤희魚允姬와 독립선언서 배포를 의논했다. 권애라보다 20년 연상인 어윤희는 결혼한 지 사흘 만에 동학군이 된 남편을 잃고, 고향을 떠나 여러 곳을 전전하다가 미리흠美理欽여학교를 졸업한 뒤 기독교 전도부인으로 활동하며 호수돈여학교에서 생활하고 있었다. 어윤희가 다닌 미리흠여학교는 호수돈여학교에서 나이 든 여성이나 기혼자, 과부 등을 교육했던 기관이었다. 권애라의 청을 들은 어윤희는 흔쾌히 개성 지역의 3·1운동에 주도적으로 참여했다. 3월 1일 오후 2시경 어윤희는 호수돈여학교 기숙사에 함께 거주하는 전도부인 신관빈申寬彬 등과 함께 개성 읍내 북본정과 남대문 사이에서 지나가는 사람 수십 명에게 독립선언서를 배포했다. 권애라가 북부예배당 지하실에서 독립선언서를 가지고 나오지 않았다면 개성의 독립선언서 배포와 만세운동은 시작되지 못했을 것이다.

3월 2일 호수돈여학교 기도실에서 권애라, 장정심, 이향화, 박마리아, 김낸시, 권명범, 이영지, 류정희柳貞熙, 조화벽趙和璧, 김정숙金貞淑 등은 만세운동을 모의했다. 당시 학생회장 이경신李瓊崖과 미리흠학교 교사로 재직 중이던 이경신의 언니 이경지李瓊芝도 만세운동 준비에 참여했다. 호수돈여학교 재학생으로서 준비에 참여한 학생은 이경신, 류정희, 조화벽, 김낸시, 이봉근李鳳根, 조숙경趙淑卿, 김신렬金信烈, 최옥순崔玉順 등 모두 17명이었다.

다음 날인 3월 3일 오후 2시 호수돈여학교 학생들은 기도회를 마치고 삼삼오오 대오를 이루어 거리행진에 나섰다. 호수돈여학교를 출발한 여성들은 개성 읍내의 북본정北本町, 대화정大和町, 서본정西本町, 남본정南本町 등을 돌면서 '찬미가'와 '독립가'를 부르고

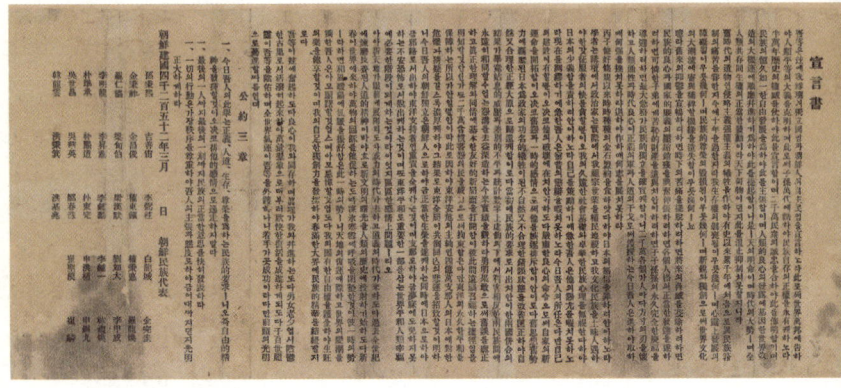
보성사판 독립선언서

조선독립만세를 외쳤다. 지하실 밖으로 나와 빛을 본 독립선언서가 배포된 지 이틀 만에 개성에서 첫 만세운동이 일어났다. 여성들의 시위 행진에 개성 시민들도 가세하여 1,000여 명에 달하는 시위 행렬이 계속되었다. 학생들이 경찰서에 연행되자 호수돈여학교 교장 미국인 와그너Ellasue C. Wagner를 불러 설득했으나, 학생들은 이미 어제 퇴학신청서를 제출했기 때문에 학교와는 아무런 관계가 없다고 하며 교섭에 응하지도, 승복하지도 않았다. 여학생들의 시위 이후 오후 5시경에는 소년대를 선두로 30~40명이 시위를 하며 일본 국기를 훼손하고 다녔고, 해가 진 후에는 다시 2,000명 이상의 무리가 남본정의 경찰관파출소에 투석해 유리창을 파괴했다. 저녁 시위에는 송도고보생 200여 명이 태극기를 들고 합류했는데 이들은 자정이 되어서 해산했다.

개성에서 일어난 3·1운동을 통해 여성들은 그들의 사회적 네트워크를 작동하여 독립운동의 주체로 우뚝 서는 모습을 보여주었다. 개성의 여성들은 가족이나 친족 네트워크를 넘어서서 학교나 교회 같은 근대적 제도와 조직을 바탕으로 형성한 네트워크를 통해 연대하고 결집하여 거리의 저항운동, 독립운동의 주체로 나섰던 것이다. 네트워크의 기반이 된 것은 여학교 교육이었다. 개성 읍내의 여학교는 남감리교계의 호수돈여학교, 미리흠여학교가 있었는데, 독립선언서를 배포한 권애라, 어윤희, 신관빈, 심명철 등은 모두 이 학교와 관련이 있다.

권애라는 호수돈여학교를 졸업하고 경성의 이화학당 유치사범과를 졸업한 후 개성으로 돌아와 호수돈여학교 부설 유치원의 교사로 재직 중이었고, 어윤희는 기혼자나 나이 든 여성을 교육했던 미리흠여학교를 졸업하고 전도부인으로 활동하고 있었다. 신관빈도 호수돈여학교 내의 기숙사에 거주하며 전도부인으로 활동하고 있었다. 시각장애인 전도부인 심명철은 개성 지역 만세운동을 벌이다 탄압하는 일본 기마병 행렬에 뛰어든 뒤 군중에게 만세운동 참여를 호소하다 체포되었다. 체포 당시 그는 "내 눈이 멀었다고 마음도 먼 줄 아는가. 우리는 조국의 독립을 위한 호소로 만세를 부른 것뿐"이라며 경찰의 포박에 거세게 항의할 정도로 담대했다.

이들은 직접 독립선언서를 배포하고, 후배이자 제자인 호수돈여학교 학생들과 연계하여 시위를 준비하고 거리로 나선 용감한 여성들이었다. 독립선언서를 배포하여 3·1운동의 촉발에 기여한 개성 여성들의 실천력은 근대 여성들의 사회적 성장과 주체적 활동을 보여주는 대표적인 사례이다. 개성에서 3·1운동이 촉발된 데에는 근대교육의 기회를 통해 사회의식과 국권의식을 키워온 유치원 교사 권애라가 있었다.

서대문감옥 여옥사 8호 감방에 갇히다

권애라는 개성에서 일어난 3·1운동을 주도한 혐의로 체포되었다. 1919년 5월 30일 경성지방법원에서 보안법 7조 조선형사령 제42조에 의거하여 징역 6개월을 선고받았다. 1919년 7월 8일 경성복심법원에서는 제령 제1조와 보안법 7조를 적용하여 6개월의 형량을 확정지었다. 판결문에 적힌 그의 죄는 어윤희에게 독립선언서를 배포시켜 치안을 방해한 행위였다. 3·1운동이라는 뜨거운 역사의 한가운데에서 물러서지 않았던 22살의 권애라는 생애 처음으로 감옥생활을 하게 되었다. 이때 그는 서대문감옥 여옥사 8호 감방에 수감되었다.

일제강점기 대부분의 감옥은 남성과 여성을 모두 수감했는데, 수감 대상자의 성별과 형기에 따라 구분하여 수감했다. 형기 1~10년 사이의 여성은 대전형무소나 광주형무소, 함흥형무소 3개소에 수감되었고, (수형 기간에 상관없이) 유기 또는 무기의 모든 여성은 서대문형무소나 평양형무소, 대구형무소에 수감되었다. 서대

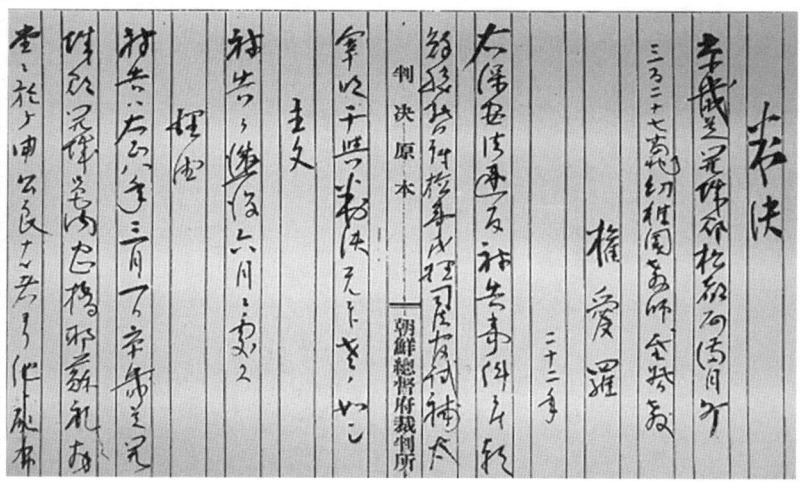

권애라 경성지방법원 판결문(국가기록원)

문형무소와 평양형무소, 대구형무소에서 수형기간과 무관하게 모든 여성을 수감했던 것은 서울과 평양, 대구에 복심법원이 소재하므로 피고인이 3심까지 항소하면 복심법원이 있는 해당 지역의 형무소로 이감되었기 때문이다. 이에 미결수에서부터 여타의 유기수는 물론 무기수와 사형수까지 수감되었다. 그런 까닭에 서울과 평양, 대구에 있는 형무소에는 많은 여성들이 수감되어 있었다. 그 가운데에서 여성을 가장 많이 수감했던 곳은 서울 서대문구 현저동에 위치한 서대문형무소였다. 서대문형무소에서 여성들을 수감하는 곳은 남성 수감 구역과는 분리되어 있었으며, 옥사는 총 2개 동이었다. 2개 동의 여성 옥사는 서대문형무소가 서대문감옥으로

서대문감옥 여옥사

서대문형무소 옥사

불리던 시기인 1912~1923년 사이, 1919년 이전에 설립된 것으로 추정된다.

1919년 3·1운동 이후 유관순의 감방으로 많이 알려진 서대문 감옥 여옥사 8호 감방에는 유관순만이 아니라 개성에서의 만세운동을 주도했던 권애라, 어윤희, 신관빈, 심명철과 수원 기생시위를 주도한 김향화, 구세군 전도부인 임명애 등이 수감되어 있었다. 여성들은 구속되는 순간부터 나라를 잃은 설움과 더불어 '여성'이라는 자신의 존재를 끊임없이 느낄 수밖에 없었다. 이곳에 갇힌 여성들은 감옥이라는 공간에서 조선인으로서의 정체성과 사회적 젠더로서의 정체성을 자각해나갔다.

수감 이후 여성들은 남성 수감자와 다른 대우를 받았다. 일제 통치자들은 3·1운동 이전에는 수많은 여성들을 동시에 구금한 경험이 없었다. 그러한 탓에 당시 여학생 이효덕은 여옥사로 가기 전까지 여성을 구치할 공간조차 없어서 경찰서나 검사국 유치장의 복도에 방치되어 온갖 고초를 겪었다고 증언하기도 했다. 당시 여성들의 입장에서 보면 송치된 뒤 여옥사에 구금되는 것은 일종의 공간적 분리였다. 분리된 공간에서 여성 수감자들은 혹독한 고문, 특히 성적인 고문을 겪기도 했는데, 이를 통해 여성 수감자들이 남성과 분리된 공간에서 젠더적 정체성을 깊이 절감했으리라 추측할 수 있다.

감방생활의 고통 속에서 동지애를 나누다

감옥에서 여성들은 정치범으로서의 동지애를 체험했다. 개성에서 만세운동으로 잡혀온 권애라, 어윤희, 신관빈, 심명철 등 4명은 개성의 시위를 논의하고 주도할 정도로 동지적 관계에 있었다.

권애라와 같은 방에 수감되었던 이화학당 후배 유관순은 3월 1일과 3월 5일 서울에서 있었던 학생시위에 참여한 뒤, 고향인 충남 천안으로 내려가 4월 1일 병천 아우내장터에서 있었던 시위를 주도했다. 유관순은 경성복심법원에서 재판을 받기 위해 서대문감옥으로 이감되어 왔다. 8호 감방의 여성들은 시위에서 부모를 잃고 부상과 고문 후유증으로 고생하던 유관순을 함께 돌보았다.

또 같은 방의 임명애는 1919년 3월 10일과 3월 26일 파주에서 일어난 시위를 주도하여 투옥되었다. 당시 그녀는 만삭의 몸이었다. 그래서 복역한 지 한 달 만에 출산을 위해 임시 출소했다가 아이를 낳고 11월에 다시 갓난아이를 품에 안은 채 8호 감방에 재수감되었다. 갓난아이를 기르기에 감방의 환경은 열악했다. 8호 감방의 여성들은 자신들이 먹을 음식을 조금씩 덜어 산모와 신생아를 챙겨주는 등 동지애를 발휘하여 모성을 보호하고 아기를 함께 돌보았다. 이렇듯 감방은 여성으로서 정체성과 동지애를 체험하는 새로운 사회적 공간이었다.

감옥생활은 고통스러웠지만, 그들은 종종 수감자로서의 고통을 노래로 달래며 서로 의지하고 독립에 대한 결의를 다졌다. 심명철의 아들 문수일은 2019년 1월에 여옥사 8호 감방에 수감되었던 여성들이 불렀던 〈진중이 일곱이〉, 〈대한이 살았다〉를 공개했다. "진중이 일곱이 진흙색 일복 입고, 두 무릎 꿇고 앉아 주님께 기도할 때, 접시 두 개 콩밥덩이 창문 열고 던져줄 때, 피눈물로 기도했네 피눈물로 기도했네", "대한이 살았다 대한이 살았다, 산천이 동하고 바다가 끓는다, 에헤이 데헤이 에헤이 데헤이, 대한이 살았다 대한이 살았다." 등의 노래 가사는 당시 감옥생활을 하던 여성들이 마음이 힘들 때에는 동지적 교감을 나누고 독립의 의지를 굳건히 했음을 잘 보여준다.

권애라는 이 감방에서 동갑내기 수원 기생 김향화에게 〈개성난봉가〉를 배웠다. 〈개성난봉가〉는 원래는 〈박연폭포〉라는 서도민요인데, 김향화에게 배운 이 노래는 권애라 평생의 개인기로 주목을 받았다. 당시는 기생이 부르는 노래를 여염집 부녀자들은 입에 담지 못하던 시절이었으며, 신분이나 직업상으로도 기생과 여교사는 어울리기 어려웠던 때였다. 그러나 신체적·정신적 고통을 감내해야 하는 감옥이라는 공간에서 이 두 여성은 노래를 가르치고 배웠다. 이를 통해 볼 때 8호 감방의 여성 수감자들은 신분에 구애받지 않고 동지애와 민주적 연대감을 나누었다고 볼 수 있다.

여성해방과
여성교육을 웅변하다

현상토론회에서 1등을 차지하다

1919년 10월 권애라는 출소했다. 감방에서 나온 권애라는 감옥 생활에서 상한 몸을 회복하며 해를 넘기고 있었다. 3·1운동 진압 후 그해 9월 조선총독으로 부임한 사이토 마코토齋藤實는 '문화정치'를 내세우며 언론·출판·집회·결사의 자유를 제한적으로 허용했다. 3·1운동 이후 고양된 사회의식과 민족의식은 대중의 사회적 참여와 관심의 열기를 고조시켰다. 이에 1920년대 대중의 사회적 참여와 발언은 공론의 장인 강연회, 웅변회, 토론회 등에서 다양한 주제를 통해 이루어졌다. 대중 앞에서 자신의 생각이나 주장을 드러내는 강연회는 1900년대부터 등장했는데, 3·1운동 직후 대중의 사회적 참여와 발언이 많아지며 강연회에 대한 열기는 다시 달아올랐다. 3·1운동 이후에는 신문, 잡지 등의 인쇄매체가 폭발적으로 늘어나면서 공식적이고 합법적인 연설회나 토론회도 많아졌다. 그뿐 아니라 집회나 독서회, 토론회, 친목 모임 등 비합법적인 자리에서 이루어지는 연설이나 토론도 확산되었다. 당시 강연회와 웅변회는 대중 공론 문화의 뜨거운 관심사였다.

여학교 재학 시절부터 대중 앞에서 연설과 노래를 잘하고 유치원교사로서 사회활동을 했던 권애라는 감옥생활을 하면서 자의식이 더욱 강해졌던 것 같다. 사회적 의식과 독립운동에 대한 실천 의지가 한층 강해진 권애라는 토론회에 관심을 보였다. 권애라의 이름이 공론의 장에 처음 등장한 것은 1920년 5월이었다. 그날 토론회의 정식 명칭은 '연동예배당 현상 토론회'였으며, 상금을 놓고 겨루는 대회였다. 토론회의 주제는 '현금 우리 사회의 경제력을 풍부케 하려 함에는 공업이냐, 상업이냐?'였는데, 참여자 각자가 공업이 우선인지 상업이 우선인지를 놓고 자기주장을 웅변하는 식이었던 것 같다. 현상 대회의 심사위원은 이상재, 신흥우, 김일선, 최병헌 등 4명이었으며, 권애라는 이 토론회에서 공업을 주장하며 연설을 했다. 이날 1등을 차지한 사람이 바로 권애라였다.

여성이 웅변회라는 공식적 자리에 나서는 것은 3·1운동 이후 나타난 새로운 변화였는데, 권애라는 그 변화의 선두에 서서 1등을 차지할 정도로 두각을 나타냈다. 그런데 당시 신문기사를 보면 권애라의 웅변회에서 청중을 가장 사로잡은 것은 〈옥중의 슬픈 노래〉였다. 이 노래는 바로 〈박연폭포〉를 개사한 노래 〈개성난봉가〉이다.

빨가벗기고 붉은 옷 입힐 때는 피눈물 뿌렸건만
한 접시 누른 콩밥 눈앞에 뜨일 때는 철없이 기뻤다.

옥에 갇혀 기결수가 되면 붉은 옷을 입어야 하는데, 이때 입고 있던 옷을 발가벗게 했을 것이다. 이 노래는 3·1운동 당시 보안법 죄명으로 구금되어 옷을 발가벗기는 성적 고문을 당하고, 미결수에서 기결수가 되어 붉은 색 옷을 입게 되었을 때의 심정을 노래하고 있다. 그리고 당시 감방에서는 수감자들에게 형량과 죄목에 따라 밥의 양을 달리해서 틀에 넣어 밥을 주었는데, 그 밥을 틀에 넣어 누른 밥, 곧 '가다 밥型ご飯'이라고 했다. 수감자에게는 콩 50%, 좁쌀 30%, 현미 20%가 섞인 밥을 주었는데, 형량과 노역의 정도에 따라 깊이가 다른 원통형의 틀에 밥을 찍어 차등을 두어 배급했다고 한다. 이 노랫말에서 '한 접시 누른 콩밥'이 바로 '가다 밥'이다. 감방생활의 고통 가운데 가장 큰 고통은 배고픔이라 했던가. 이 노래에는 '독립'을 외치다 정치범이 되어 고문을 당하며 감방에 들어왔지만, 주린 배를 채울 수 있는 밥을 보자 철없이 기뻐했다는 감옥생활의 소회가 서글프게 표현되어 있다.

명연설로 여성계몽운동에 참여하다

현상 토론회에서 1등을 차지한 권애라는 연달아 서울의 강연회 무대에 올랐다. 그리고 조선청년웅변학회의 발기인 겸 창립위원이 되었다. 6월 6일 오후 2시 승동예배당에서 발기인 45명 가운데 21인이 참석한 가운데 조선청년웅변학회 발기대회가 열렸다. 권애라는 14명의 창립위원 중 한 사람으로 선정되었다. 그는 웅변학회 창립위원으로 활발하게 활동하면서 여성 강연회에도 적극적으로 참여했다.

3·1운동 이후 각계각층에서 계몽운동이 활발해지고, 사회적 공론의 장이 확산되는 가운데 여성해방과 여성교육에 대한 의식을 일깨우는 활동 또한 활발해졌다. 여성계몽운동은 서울을 중심으로 교육운동으로 먼저 일어났고, 곧 지방으로 확산되었다. 여성계몽교육운동을 선도한 서울의 대표적 여성단체는 조선여자교육회였다. 조선여자교육회는 차미리사車美理士(김미리사)가 1920년 4월 서울 종교교회에서 부녀자야학회를 시작한 것에서 비롯된다. 차미리사는 19살에 남편을 잃은 후 기독교에 입교하고, 중국과 미국에서 유학한 뒤 1917년 미국 선교회에서 한국으로 파견하는 선교사의 한 사람으로 귀국했다. 차미리사는 귀국과 동시에 배화여학교에서 교사와 기숙사 사감으로 일했는데, 1920년 1월에는 『여자시론』을 간행하여 여성교육과 계몽운동에 앞장섰다. 종교교회의 부녀자야학회에서는 18명의 학생을 두 반으로 나누어 매일 두 시간씩 나흘간 한글, 산술, 글씨, 도화를 현직 교사들의 봉사로 지도했다. 학생들은 주로 취학의 기회를 상실해 정규교육을 받기 어려운 가정부인들이었다. 개강 시에 18명이던 학생이 일주일 후에는 약 50명으로 늘어났고, 한 학기가 끝난 다음 학기 초에는 150~160명으로 늘어났다.

조선여자교육회는 여성의 인격 함양을 위해서는 여성에게 남성과 대등한 교육기회를 주어야 한다고 주장했다. 그리고 한 달에 한 번씩 정기적으로 토론회를 열어 새로운 지식과 여성개조의 필요성을 강조하는 시간을 가졌다. 토론회는 미리 마련한 주제에 따라 찬성과 반대 양편으로 나누어 각기 대표 발언자와 찬조 발언자가 주장을 펴게 하고, 청중에서도 어느 한편에 대한 지지 발언 또는 반대 발언을 하도록 한 다음, 다시 양편 대표 발언자의 최종 토론을 거쳐서 청중의 다수결로 시비를 결정하는 방식으로 이루어졌다. 토론회에 참석한 사람들은 많은 사람 앞에서 자신의 의사를 떳떳하게 주장할 수 있는 경험을 했으며, 자신의 주장을 정당화하기 위해서는 청중을 논리적으로 설득시켜야 한다는 사실 또한 깨달을 수 있었다. 토론회는 또한 민주적인 의사결정 과정에 따라 공론이 형성되도록 하는 의식혁명의 실습장이 되기도 했다.

조선여자교육회에서는 부녀자야학회, 토론회와 함께 여성교육을 위한 기금마련을 목적으로 강연회를 열었다. 권애라는 1920년 6월 11일 조선여자교육회 주최로 종로 중앙청년회에서 열린 여자대강연회에 연사로 등단했다. 여기에서 유각경은 '조선 여자계의 급선무'라는 제목으로, 홍은희는 '현대의 조선여자'라는 제목으로, 권애라는 '잘 살읍시다'라는 제목으로 여성의 교육과 계몽에 대해 강연했다.

조선여자교육회에서는 여성교육을 위해 기금을 마련하고자 강연단을 꾸리고 모금활동을 추진했는데, 권애라는 그런 취지를 알리고 모금을 독려하기 위해 금전을 잘 쓰는 것이 잘사는 길이라는

조선여자교육회 주최 여자대강연회의 권애라 강연 기사
(『매일신보』, 1920년 6월 11일자)

내용의 연설을 했다. 여성교육을 위해 여성이 주체가 되어 모금활동을 하는 강연회에서 권애라는 대중에게 오언절구의 시구를 읊으며 좌중을 압도하는 매력을 보였다. 이날의 여자강연회에 대해『동아일보』는 '신여자의 교육열'이라는 제목으로 그날의 강연회 성황을 특필했다. 특히 권애라의 강연에 대해서는 "… 쾌활하고 웅장하게 강연하는 중 틈틈이 한시의 구절을 집어넣어 말의 색채를 더하는 것도 한 취미가 있었다"고 언급했다. 권애라는 활달한 태도와 유창한 열변으로 말끝마다 만장의 박수갈채를 받았고, 즉석에서 합계액이 630원에 달하는 성금을 걷는 쾌거를 이루었다.

1920년 권애라가 이름을 날렸던 여자강연회의 성과에 힘입어 조선여자교육회는 창립 1년 만에 서울 청진동에 35칸 가량의 독자적인 회관을 마련했다. 그리고 1921년 7월에는 전국순회강연단을 조직해 84일간 지방 주요 도시 67여 곳을 순회하며 여성교육을 계몽하고, 의연금을 모았다. 차미리사는 순회강연회에서 얻은 찬조금과 이왕직이 기부한 부지, 일제 당국의 10만 원 기부 허가를 받아 근화여학교槿花女學校를 설립, 교장에 취임했다. 이후 1922년 1월 24일 조선여자교육회는 조선총독부의 인가를 받아 조선여자교육협회로 불리었다. 이처럼 권애라는 3·1운동 직후 활발해진 공론의 장에서 명연사가 되어 여성교육과 여성계몽을 웅변하는 데 헌신했다.

국내외를 오가며 독립운동을 하다

임시정부의 국내조직원으로 활약하다

서울에서 여성웅변가로 이름을 날리던 권애라는 1920년 7월 9일 종로경찰서에 체포되어 조사를 받았다. 권애라가 체포된 것은 3·1운동에 적극 가담한 정치범이자 여성계몽의 웅변가로서의 활동 때문이 아니라 대한민국임시정부 교통국과 관련한 활동 때문이었다. 1919년 4월 상하이에 대한민국임시정부가 수립되어 업무를 개시하고 한 달이 지난 5월, 제4회 의정원회의에서 국무원이 의결한 교통부 산하의 연락망 조직에 관한 의결사항에 의해 대한민국임시정부의 교통국이 설치되었다. 교통국은 1919년부터 1922년까지 대한민국임시정부의 통신기관으로 활발히 임무를 수행했다. 임시정부 초기에는 정보를 수집하여 보고하는 통신업무 이외에도 재정자금 모집, 인물 소개 등의 업무도 맡았다.

당시 신문 보도에 따르면, 경찰은 종교교회宗橋教會를 압수 수색하고 권애라와 목사 부인 이명희李明姬를 체포해 조사했다. 가택수색을 해서 서류를 압수했는데, 그것이 모 비밀사건과 연관되어 있다는 것이었다. 종교교회는 3·1독립선언서에 서명한 민족대표의 한 사람이며, 개성에 독립선언서를 전달했던 오화영이 1918년 10월부터 담임목사로 있던 곳이었다. 오화영은 3·1운동 당시 투옥되었지만, 가족들은 종교교회 목사 사택에 머물며 그의 옥바라지를 하고 있었다. 경찰의 신문조서에 권애라의 주소지가 경성 도렴동 32번지라고 적혀 있는데, 그 주소지는 종교교회가 있는 곳이었다. 권애라는 종교교회 사택에서 오화영 목사의 가족과 함께 지내며 활동했던 것이다. 그리고 경찰의 조서에는 권애라가 배화학당 소속으로 되어 있는데, 배화학당은 남감리교에서 운영한 학교로, 종교교회와 같은 재단이었다.

권애라는 인장조각사 정의도丁義道와 공모하여 조선의 독립을 위해 『독립신문』을 배포한 혐의로 조사를 받았다. 이때 광익서관廣益書館 주인 고경상高敬相도 권애라 사건과 연관되어 구금되었다. 고경상은 대한민국임시정부 교통지국 설치를 위해 평양에서 경성에 와 있는 박승명朴承明(박윤삼朴允三), 이원직李元稙, 정의도, 이기하李起夏 외 3명과 함께 누상동에 있는 백호정白虎亭에서 모여 교통국 설치에 관한 협의를 했다. 대한민국임시정부 교통국 연락책으로 검거된 사람으로는 권애라와 고경상 외에도 정의도를 비롯하여 박승명, 이원직李元稙, 김청풍金淸風, 권국빈權國彬, 이명희, 이기하, 이병의李丙儀, 오학수吳學洙 등이었다. 이들은 결의단結宜團을 조직하고 주로 승동교회, 종교교회 등의 종교조직을 이용해 대한민국임시정부 교통국의 국내조직원으로 활동했다. 이들은 1919년 11월부터 활동했는데, 상하이에서 발행한 『독립신문』, 『신한청년』, 『대한민국임시정부 공보』, 『대한민보』, 『대한청년』 등을 소지·배포하며 대한민국 공채 모집 등의 활동을 했다. 권애라를 검거할 때 경찰은 종교예배당 지하에서 '신문지 같은' 유인물 두 고리짝을 압수했다고 했는데, 그 유인물은 상하이에서 발행한 『독립신문』, 『대한청년』 등이었다. 권애라는 호수돈여학교와 같은 남감리교계 네트워크와의 연계하에 임시정부 국내 조직원으로 활동했던 것이다. 권애라는 이 사건으로 체포되어 신문조사를 받았다. 그러나 재판을 받은 기록은 찾아볼 수 없다. 아마도 기소유예나 훈방 조치 처분을 받아 오래되지 않아 석방된 것으로 보인다.

상해애국부인회에서 활동하다

대한민국임시정부의 연락원으로 체포되어 일제의 감시와 통제를 받는 상황을 겪은 권애라는 새로운 활동을 시도하고자 1920년 늦가을 조선을 떠났다. 1961년 9월 부산대학교 해직교수 이종률李鍾律이 서울 불광동 산비탈에서 살던 김시현과 권애라를 만나 그들의 구술을 듣고, 그 내용을 『김시현 선생과 그 영부인 전기』라는 제목의 책으로 남겼는데, 그 책에 따르면 권애라는 1920년 9월 학문과 독립운동을 위해 도쿄로 갔으며, 도쿄에서 활동이 여의치 않자 12월에 중국으로 향한 것으로 되어 있다. 요코하마와 고베를 거쳐 상하이로 가는 뱃길로 중국행을 시도한 권애라는 일본어에 능통하지 못해 일본 여성에게 들켰지만, 그 일본 여성이 밀고하지 않아 무사히 상하이에 도착했다고 한다. 일제강점기에 호수돈여학교와 이화학당에서 근대교육을 받은 여성이 당시에 '국어'로 가르쳤던 일본어를 못하지는 않았을 것 같다. 그리고 1922년 모스크바에서 열린 극동민족대회에 참가했을 당시 조사표에 일본어를 한다고 적어 냈는데, 그것을 보면 일본어를 못하지는 않았을 것이라는 추측이 타당하다. 1961년의 구술에서는 일제 관헌에게 들키지 않고 상하이에 가기 위해 신분을 위장해야 할 정도로 위험했던 상황을 표현한 것으로 보인다.

국내에서의 감시를 피하고 새로운 활동 공간을 확보하고자 중국으로 향한 권애라는 상하이에 도착한 이후 쑤저우蘇州의 징하이여숙景海女塾 사범과에 적을 두었다. 그러면서 대한민국임시정부와 관련된 활동을 했던 것 같다. 이미 그녀는 1920년 서울에서 대한민국임시정부 교통국의 연락책과 연결되어 활동을 했으며, 당시 상하이의 임시정부에는 3·1운동을 경험하고 독립운동에 투신한 여성들이 많았다. 또 대한민국임시정부는 이미 1919년 4월 「대한민국임시헌장」에서 남녀평등의 방침을 선포한 바 있었다. 3·1운동을 통해 여성 또한 남성과 같은 인격체이자 사회적 주체라는 자각과 체험을 함으로써 광복된 나라를 만드는 과정에 여성의 적극적이고 주체적인 활동이 필요하다는 인식이 확산되었다. 이것은 새로운 자극에 머물지 않고 여성을 정치적 주체로 바라보는 데까지 진전되었다. 그러한 인식은 3·1운동 이후 수립된 대한민국임시정부에서 「대한민국임시헌장」을 통해 남녀평등권과 여성참정권을 선포하는 것으로 가시화되었다.

> 제3조 대한민국 인민은 남녀 귀천 및 빈부의 계급이 없고 일체 평등하다.
> 제5조 대한민국 인민으로 공민 자격이 있는 자는 선거권 및 피선거권을 가진다.

「대한민국임시헌장」에 이어 제정된 「임시의정원법」에서는 중등교육을 받은 만 23세 이상의 남녀 모두에게 피선거권을 부여했다. 이는 여성의 사회·정치적 평등과 권리를 명시한 것이다. 이렇게 3·1운동은 독립운동뿐만 아니라 남녀평등에 대한 사회적 인식의 전환과 많은 여성의 삶에 실질적인 변화를 가져왔다.

국내정세와 사회적 인식의 변화 등으로 3·1운동 이후 독립운동에 투신한 여성들이 많아졌으며, 이들의 활동은 더욱 폭넓게 전개되었다. 그 대표적인 것이 애국부인회 활동이다. 애국부인회가 있던 곳으로 알려진 지역은 상하이, 톈진天津, 북간도, 미주 등이었다. 북간도의 애국부인회는 훈춘琿春과 왕칭현汪淸縣 바이차오구百草溝 등지에서 주로 만주 지방 독립군을 후원하는 데 힘썼다.

국내에서는 서울을 중심으로 한 대한민국애국부인회, 평양을 중심으로 한 대한애국부인회 등이 있었다. 서울의 대한민국애국부인회는 혈성단애국부인회와 대조선독립애국부인회가 합쳐진 만체였다. 3·1운동 직후, 만세운동으로 감옥에 들어간 사람들과 그 가족을 돕기 위해 황해도 재령의 명신明神여학교 교사 오현관吳玄觀, 전북 군산의 메리볼드원Mary Baldwin여학교 교사 오현주吳玄洲, 세브란스병원 간호부 이정숙李貞淑이 혈성단애국부인회를 조직하고 활동했다. 주로 의연금을 모집해 애국지사의 식사를 차입하고, 각지에 지부를 두어 독립운동에 참가하며 상하이에 있는 임시정부를 원조하기 위한 자금모집운동을 전개했다. 대조선독립애국부인회는 경성여고보 출신 최숙자崔淑子, 김원경金元慶, 경하순慶河順, 김희열金熙烈, 김희옥金熙玉 등이 임창준林昌俊 등의 도움을 받아 1919년 4월 조직한 단체이다. 독립운동 자금 모금을 주된 목적으로 활동했으며, 회원은 60여 명이었다. 이 두 단체는 1919년 6월 통합하여 조직을 개편했다. 두 단체의 통합은 대한민국임시정부에 여성 대표를 파견한 것과 관련이 있었다. 대한민국청년외교단의 이병철李秉徹이 5월에 김원경을 상하이에 파견하면서 두 단체의 통합과 조직 개편이 이루어졌다. 총재에 오현관, 부총재에 김희열, 회장에 오현주, 부회장에 최숙자, 재무부장에 오현관, 재무주임에 오현주, 평의장에 이정숙, 서기에 김희옥, 외교원에 장선희, 회원 대표에 김원경, 고문에 이병철, 해외통신원에 경하순을 선정했다. 조직 정비 후 이들은 지방으로 조직을 확대해갔다. 주로 교회, 학교, 병원을 기반으로 퍼져간 지부는 평양, 대구, 개성, 진주, 기장, 밀양, 거창, 통영, 양산, 울산, 부산, 마산, 군산, 회령, 정평, 목포, 전주, 광주 등 전국 각지에 설치되었다. 전국 여러 지역에 지부를 설치한 대한민국애국부인회는 독립운동자금을 모금하여 상하이의 대한민국임시정부로 송금하는 것을 주된 활동으로 삼았다. 그러나 회장 오현주의 활동 부진으로 차츰 힘을 잃어갔다.

이후 대한민국애국부인회는 김마리아, 황애시덕黃愛施德 등 3·1운동으로 투옥되었던 여성 지도자들의 석방을 계기로 조직을 정비하고 김마리아를 회장으로 선출했다. 서울에 본부를 두고 평양, 대구, 개성 등 전국 18개의 지부를 설치하여 회원을 모집하고 독립운동자금을 모았다. 그러나 1919년 11월 경상북도 경찰국에 독립운동자금을 모집한다는 것이 발각되어 이병철, 임창준 등 대한민국청년외교단 관계자와 함께 대부분의 회원이 체포되어 그 활동이 끝났다.

대한민국애국부인회는 일제에 발각되어 활동의 막을 내렸지만, 상해애국부인회는 임시정부 수립 이후 몰려온 교민들을 기반으로 하여 활동을 지속하고 있었다. 상해애국부인회는 처음에는 지부였으나, 서울의 본부가 해체됨에 따라 본부 역할을 하게 되었다. 대한민국임시정부가 수립된 상하이에는 국내외의 독립운동 지도자들이 집결했는데, 이곳에 모인 여성들은 독립운동가의 가족이거나 근대교육을 받은 이들이었다. 여학교 출신의 여성들 중에는 3·1운동 이래 국내에서 항일운동을 하다가 수개월의 옥고를 치른 인물들이 많았다. 권애라도 그중 한 사람이었다.

권애라는 상하이에서 애국부인회 활동을 하면서 남감리교계 여학교인 징하이여숙에 적을 두고 있었다. 중국 활동의 기반은 중국

상하이 황푸강

에 있던 남감리교계의 선교조직이었던 것이다. 징하이여숙은 미국 남감리교계에서 동아시아 여성 선교와 여성교육을 위한 거점으로 삼은 학교 중 하나였다. 권애라가 학업을 하고, 후에 유치원 교사로 일했던 개성의 호수돈여학교 역시 미국의 남감리교계에서 세운 학교였다. 여성들이 해외에서 독립운동을 할 경우 국제선교 조직과 관련이 깊은 경우가 많았는데, 권애라 역시 그와 같았다.

권애라는 상해애국부인회에서 활동함과 더불어 고려공산당 상하이지부에 속해 활동했다. 1921년 가을 모스크바에서 열린 극동민족대회에 상해애국부인회 부회장 김원경과 함께 참석했다. 대한민국임시정부가 열기를 띠고 활발히 활동하던 시절에 상하이에서 활동하던 여성활동가들은 한편으로는 애국부인회 활동에 연루되었고, 다른 한편으로는 대한민국임시정부, 새로운 공산주의 운동의 영향을 받았다고 하겠다. 당시 독립운동의 상황에서 볼 때 권애라가 상하이에 머물던 시기는 그러한 중첩된 활동이 가능한 시기였다.

권애라가 상하이에서 활동한 시기는 길지 않았다. 그리고 그가 상해애국부인회에서 어떤 직함을 가졌는지도 알 수 없다. 그의 적극적인 성격과 국내에서의 활동으로 미루어 짐작해보면 자신에게 주어진 상황에서 물러나지 않고 적극적으로 활동했을 것이다. 해방 후에도 자신의 소속이 애국부인회였다고 말한 것을 보면 애국부인회에 대한 애착과 자부심이 무척 컸던 것 같다. 모스크바에서 열린 극동민족대회에 상해애국부인회 대표로 참석한 것은 그러한 활동상을 반증하는 것이다. 1950년대 애국동지원호회에서 발행한 『한국독립운동사』에는 권애라가 상해애국부인회의 중심인물로 기억되고 기록되어 있다.

모스크바 극동민족대회에 참석하다

1920년대 초 제1차 세계대전 이후 평화 구축을 위한 두 개의 국제회의가 열렸다. 하나는 워싱턴회의였고, 다른 하나는 모스크바에서 열린 극동민족대회였다. 파리강화회의에 대한 좌절 이후 한국의 독립운동가와 지식인들은 국제사회의 논의에 한국의 독립 문제가 다루어지는 것에 촉각을 세우고 있었다. 따라서 거의 비슷한 시기에 미국과 소련에서 열리는 두 대회에 큰 관심을 보였다.

1921년 11월부터 1922년 2월 사이에 열린 워싱턴회의는 태평양을 끼고 있는 각국의 해군 군비를 축소하는 방안을 논의하는 회의였다. 임시정부 대통령 이승만은 이 회의에 임시정부 조직을 동원하여 상황을 알리고자 노력을 기울였다. 1920년 12월부터 6개월간 상하이에서 임시정부를 이끌던 이승만은 이 회의를 위한 외교활동을 편다는 명분을 내세워 상하이를 떠나 하와이로 갔다. 임시 국무총리 신규식은 외교지원책을 마련하고자 광둥으로 가서 쑨원을 만나 공동대응방안을 논의했고, 안창호도 이를 지원하는 데 협력했다. 해외에서뿐 아니라 국내에서도 워싱턴회의에 큰 관심을 보였으며 지원도 보탰다. 그러나 워싱턴회의는 식민지 문제와는 아무 관련이 없었다. 강대국들의 해군과 관련된 협상이 목적이었다. 워싱턴회의에서는 약소민족의 요구를 조금도 고려하지 않았으므로 한국의 독립운동가를 비롯해 그 회의에 기대를 걸었던 약소민족은 미국 및 서방 세계에 대해 신랄하게 비판했다.

이때 소련에서 극동민족대회를 개최했다. 원래 1921년 가을 이르쿠츠크Irkutsk에서 개최하기로 계획했던 것을 변경하여 1922년 1월 21일부터 2월 2일까지 모스크바와 상트페테르부르크Saint Peterburg에서 열었다. 이 대회는 당초 워싱턴회의에 맞서 약소민족 문제를 다루겠다는 레닌의 야심찬 계획에 따라 추진되었다. 코민

모스크바 극동민족대회에 참석한 한국인 대표

테른은 1920년 7~8월에 제2차 코민테른대회를 열어 '민족과 식민지문제 테제'를 채택한 뒤, 9월에 아제르바이젠Azerbaijan 바쿠Baku에서 동방민족대회를 열었고, 이어서 후속 회의를 준비했다. 코민테른은 워싱턴회의와 같은 시기인 1921년 11월 11일에 이르쿠츠크에서 '약소민족은 단결하라'는 기치를 내걸고 극동 여러 나라의 공산당과 민족혁명단체 대표자 연석회의를 소집했다. 이 대회에서는 한국 문제에 대한 관심을 크게 나타냈다. 그것은 144명의 대표 중 56명이 한국 대표였다는 것에서 단적으로 나타난다. 1920년 7월 19일부터 열린 제2차 코민테른대회에서도 중국 대표가 그렇지 못했는데, 한국 공산주의자 대표 박진순이 결의권을 행사하는 169명의 대표 중의 한 사람이었다는 점을 아울러 고려하면 소련이 한국 공산주의운동에 큰 관심을 가졌다고 보아야 할 것이다.

파리와 워싱턴에서 열린 회의에 실망한 채 많은 독립운동가들은 소련으로 향했다. 상하이, 서간도, 국내에서 출발한 대표자들은 대회 개최 예정지인 이르쿠츠크로 집결하기 위해 매우 위험한 여행을 감수해야 했다. 그들이 이용할 수 있는 노선은 두 가지였다. 하나는 만주를 통과하는 노선이고, 다른 하나는 몽골을 횡단하는 노선이었다. 첫 번째 노선은 톈진을 출발하여 펑톈奉天, 창춘長春, 하얼빈, 치치하얼齊齊哈爾을 거쳐 만주리까지 철도를 이용하는 노선이었다. 이 노선은 신속하게 이동할 수 있지만 남만주철도는 일제의 세력권, 하얼빈에서 만주리에 이르는 중동선 철도는 러시아 백위파 장군 호르바트의 세력권이라는 점이 문제였다. 철도 안에서도 일본 경찰들의 탐색이 심하고, 펑톈이나 창춘 같은 대도시 철도역은 경비가 심해 한두 정거장 전에 내려 마차를 이용해 대도시 역을 우회해야 했다. 권애라는 위험을 감수하며 이 노선으로 이르쿠츠크에 도착했다. 앞의 이종률의 자료에 따르면 권애라는 일제 관헌의 눈을 피해 무사히 하얼빈에 도착한 후, 하얼빈에서 소만국경을 넘어 치치하얼까지 도보로 갔다. 그러나 권애라가 이르쿠츠크에 도착해서 보니 각국 대표들의 많은 수가 도착하지 못해 대회는 다음 해 1월 말로 연기되었고 장소도 모스크바로 변경되었다.

모스크바에서 열린 극동민족대회에는 한국, 중국, 일본, 몽골, 자바, 러시아 등에서 144명의 대표가 참석했다. 한국 대표는 23개 단체에서 선발된 56명이었다. 김규식, 김단야, 김시현, 나용균, 박헌영, 여운형, 이동휘, 장덕수 등 한국 대표가 대거 참석했는데, 권애라는 김원경과 더불어 상해애국부인회 대표로 참석했다. 그는 애국부인회 소속으로 알려져 있지만, 극동민족대회소집을 맡은 기관인 코민테른 극동비서부의 기록을 보면, 권애라를 파견한 단체는 고려공산당 상해지부이며, 그녀의 소속도 고려공산당으로 되어 있다.

권애라는 고려공산청년회 중앙총국에서 발행한 위임장을 받고 1921년 10월 30일 만주리를 거쳐 이르쿠츠크로 갔다. 그가 소지한 위임장은 작은 조각 비단에 순국문으로 쓰였으며, 누비옷에 꿰매넣고 가도록 만들어진 것이었다. 위임장을 지니고 도착한 뒤, 대회 측에 조사표를 작성해서 제출했다. 성균관대학교 임경석 교수가 제공한 자료를 보면 위임장의 내용은 다음과 같다.

위임장 제2호

본회 회원 권애라 동무를 본회에서 본년 11월 11일 소비에트로시아 일크스크에서 개최되는 동양민족청년 혁명단체대표회에 참가하는 권리를 신임함.

1921년 10월 24일

고려공산청년회상해회

위원장 여운형

비서 김주

우를 인증함

1921년 10월 24일

고려공산청년회중앙총국

다음은 모스크바에서 작성한 조사표이다.

I. **성명과 생년 월 일:** 권애라 1899년 2월 1일

II. **교육:** 개성 호수돈여학교, 경성 이화 유치사범

III. **직업:** 유치원 교사

IV. **사회상지위:** 지주

V. **여하안 위임장을 가지고 오셧소:**
 고려공산당 상해지부 위임장을 가지고 옴.

VI. **언으 정당 혹은 단체에 속하엿고:** 고려공산당에 속함

VII. **언으 노동조합에 속하엿소:** 무

VIII. **하월 하일에 어대서 로시어 국경을 넘어오셨소:**
 10월 30일 경과 만주리

IX. **목적과 희망:** 동양평화를 속히 할 목적으로 모스크바에 시찰을 희망함

X. **언으 외국말을 알으시오:** 일어

XI. **이전에 로시아에셔 오래 안 머무러섯난지요:** 무

XII. **비고**

서명: **권애라**

1월 21일 모스크바 크렘린궁에서 시작된 극동민족대회는 2월 2일까지 13일 동안 계속되었다. 회의의 폐막은 상트페테르부르크 우리츠키궁에서 열었고, 회의에서는 한국 문제에 대해 다음과 같은 결의를 했다.

① 한국에는 공업 발전이 미약하여 계급의식이 형성되어 있지 않아 계급운동은 시기가 빠르다.
② 한국의 대다수 주민이 저수준의 농민이니 이들이 공명하는 민족독립운동을 전개하고 계급운동자(공산주의자)는 이 운동을 지도하여야 한다.
③ 상해임시정부는 명칭만 과대하고 실력이 이에 동반하지 못하여 지금까지 유감이 허다하므로 개혁할 필요가 있다.

극동민족대회는 한국독립운동에서 공산주의가 접맥되는 중요한 지점을 보여준다. 위의 결의에는 3·1운동 이후 조선인의 민중의 활동과 의식의 성장을 반영하여 계급운동을 장려하는 운동의 지도를 결의하고 상하이 대한민국임시정부의 활동에 대한 비판이 있었다. 1922년 이후부터 상하이 대한민국임시정부는 개조와 창조를 논할 정도로 설립 당시와는 다른 상황이었다.

모스크바 극동민족대회가 끝나자 1922년 3월 권애라는 상하이로 돌아왔다. 1922년 3월 13일자로 일본의 상하이총영사가 외무대신에게 보낸 「기밀 제8호 문서 공산당원 귀호歸滬에 관한 건」에는 모스크바에서 돌아온 조동호, 안병찬, 이동휘, 여운형, 김규식, 최창식, 나용균, 김원경, 권애라, 유건혁, 김영진, 정광호, 김상주, 박남준, 임원근, 홍도, 박치순, 박헌영 등 18인의 이름이 실려 있다. 그 후 권애라는 중국, 블라디보스토크 등의 고려공산당청년회, 국민대표회 등과 관련을 맺으며 일제 경무국의 감시 대상이 되었다. 1922년 9월 22일자 『동아일보』 기사에 상하이 고려공산청년단의 중요인물 명단이 실렸는데, 권애라도 그 명단에 포함되어 있었다.

권애라는 이 회의에 참석함으로써 해외에서 독립운동의 변화의 한 중심을 목격했다. 상하이에서 이르쿠츠크를 거쳐 모스크바까지 간 여정의 행위 자체만으로 권애라는 당시 여성들의 활동을 뛰어넘는 도전적이고 모험적인 여성이었음을 짐작하게 한다.

시대와 일제에 저항하다 고통을 겪다

모스크바에서 김시현과 자유결혼하다

권애라는 모스크바에 가득 찬 혁명의 열기와 독립운동의 역동 속에서 스스로 새로운 삶의 선택을 했다. 보름 가까운 기간 동안 회의를 치루는 가운데 의열단원 김시현과 운명적인 사랑에 빠져 자유연애를 하고 자유결혼을 한 것이다. 김시현은 메이지대학明治大學 법과를 졸업하고 3·1운동으로 짧은 옥살이를 한 후, 바로 만주 지린吉林으로 가서 김원봉과 함께 의열단을 만든 인물이었다. 김시현은 극동민족대회 기간 중 각국 대표들의 장기자랑 시간에 조선 대표로 뽑혀 「개성난봉가」를 부른 권애라의 매력에 빠져 구애를 했고, 그들은 사회주의 혁명의 땅에서 연애 감정을 나누었다. 독립운동에 몸담고 있다는 사회적 관계에서 권애라는 불같은 사랑과 동지적 교감을 느꼈던 것 같다.

이종률의 『김시현 선생과 그 영부인 전기』에 따르면, 김시현은 "미모와 미성의 소유자이며 각국 사람들이 다수 모인 자리에서 늠름하고 가약하게 우리 조국의 딸 됨이 자랑인 양 「개성난봉가」를 불러 만장을 도취케 한 그 조건 등이 우수하게 느껴지지 아니할 수

1923년 의열단 국내 무기밀반입사건으로 재판을
받는 황옥(왼쪽)과 김시현(오른쪽)

없었고, 그리고 학력이 낮지 아니함, 판단력의 저속하지 아니함, 민족주의자로서의 사상의 일치성 등 실로 만족하게 쳐다보지 않을 수 없었다"고 당시 만남의 감상을 회상했다. 권애라는 혁명가 김시현의 구애와 구혼을 받고 나서 백년의 부부를 약속하고 또 백년의 동지를 약속하는 시간을 가졌다. 당시로서는 노처녀라고 할 수 있는 26살의 권애라는 자신보다 14살 연상인 김시현과의 짧은 만남 후에 자유연애와 자유결혼을 선택했다. 그들이 정식으로 결혼을 했는지는 불분명하다. 그러나 훗날 증언과 기록에 따르면 극동민족대회가 열리는 동안 그들은 서로에게 깊은 호감을 느꼈고, 대회 마지막 날 결혼식을 올렸다. 오늘날로 치면 언약식 또는 스몰웨딩

small wedding이었던 것 같다.

그러나 김시현은 이미 결혼하여 고향 안동에 아내가 있는 몸이었다. 조혼을 한 뒤 일찍이 집을 떠나 의열단원으로 활동한 탓에 부인 김오월과 원만하게 가정생활을 할 형편은 아니었다. 그렇다 해도 김시현은 이미 결혼을 한 처지였기 때문에 그와 결혼한 권애라는 '제2부인'이었다. 당시 신여성들은 자유연애를 하고 자유결혼을 하는 것을 가장 근대적이고 바람직한 결혼이라고 생각했다. 이때 남편이 조혼의 관습 때문에 이미 결혼하여 아내가 있을 경우에는 스스로를 '제2부인'이라고 칭했다. 신성한 연애의 결과 배우자의 진정한 아내가 되기를 선택했다고 믿어 의심치 않은 여성들의 표현이었다.

권애라와 김시현의 자유결혼은 일제강점기 내내 베일에 싸여 있었다. 김시현이 오랫동안 감옥생활을 했고, 두 사람이 함께 살지도 않았기 때문에 실질적인 결혼생활을 할 수 있는 처지가 아니었다. 세인과 언론의 관심을 받았던 권애라는 실제로 김시현과의 사랑과 결혼을 일제강점기 내내 비밀에 부쳤다. 그도 그럴 것이 1923년 3월 김시현은 의열단의 국내 무기밀반입사건으로 잡혀서 10년형을 언도받고 5년 5개월간 옥중에 있었다. 일명 '황옥경부사건'이라 불리는 이 사건은 당시 일제 관헌과 조선을 발칵 뒤집어 놓은 사건이었으므로 권애라가 김시현과의 관계를 밝히는 것은 서로에게 위험한 일이었다. 위장이 필요했을 것이다. 이후 김시현은 1929년 1월 29일 대구형무소에서 출옥하고 지린으로 갔다. 조선

독립동맹을 조직하고 다시 항일운동을 하다가 1931년 난징과 베이징을 오가며 김원봉, 윤세주, 박효삼 등과 조선민족독립혁명군 양성소의 군관학교에서 활동했다. 그러다 군관학교 졸업생 한삭평 韓朔平이 밀정 활동하는 것을 처형한 것이 일제 관헌에 발각되어 베이징에서 체포되었다. 그리고 재판을 받기 위해 나가사키법원으로 송치되어 5년형의 징역을 선고받았다. 베이징에서 체포되어 예심 판결을 받을 때까지 1년의 시일이 걸렸으므로 김시현은 미결통산이 없이 실제로 6년 동안 감옥생활을 했다. 김시현이 독립운동의 최전선에서 활동하고, 1920년대와 1930년대 내내 수감생활을 한 상황에서 권애라와 김시현의 관계가 지속되었다고 보기도 어렵다. 권애라는 1922년 또는 1923년에 김시현과의 사이에서 아들 김봉년을 혼자서 낳았다. 아들은 개성 본가에서 권애라의 계모인 이른바 '김씨 할머니'가 길렀다고 한다. 공개적으로 권애라의 남편이 김시현이라는 언급은 일제강점기에 작성된 어떠한 문건에도 나타나지 않는다. 해방 후에서야 그들의 부부관계는 법적으로 공식화되었다. 그때는 이미 김시현의 고향에 살던 부인이 세상을 떠난 뒤였다. 권애라는 아들을 보호하고 자신을 지키기 위해 오랜 시간 동안 남편 김시현과의 관계를 드러내는 것을 피했을 것이다.

자유연애와 단발 반대를 강연하다

모스크바 극동민족대회에 참가한 뒤 상하이에서 활동하던 권애라는 1922년 10월 14일 오후 7시 반 경성의 어느 강연회에 참석했다. 종로청년회관에서 고학생상조회 주최로 열린 추계여자강연회에서 인기 있는 여자 연사로 이선애와 함께 연단에 오른 것이다. 강연의 제목은 '현대사회와 조선 여자'였다. 1923년 1월 12일 경운동 천도교당에서 서울청년회가 주최한 강연회에도 등장했다. 이 강연회에서 장채극이 '무산계급의 절규'라는 문제로 강연을 시작하자, 임석한 종로경찰서 경관이 불온하다고 중지를 명하는 일이 있었다. 그렇지만 군중들은 그 이유를 말하라며 소동을 벌이기도 했다. 권애라는 그다음 순서로 '연애는 자유라는 문제'라는 강연을 준비했지만, 군중들이 훼방을 놓는 바람에 연단에 네 번이나 나왔지만 결국 연설을 하지 못했다. 다음 강연자가 연단에 올랐으나 연설을 하지 못해 강연회는 해산되고 말았다. 이미 장안에서 인지도 높은 웅변가로 알려진 만큼 군중들의 관심과 반응 또한 엇갈리고 있었다. 강연회에 입장한 군중들은 연사의 강연을 일방적으로 듣기만 하는 것이 아니라 자신들의 의사를 드러내며 호응하고 반응했다. 권애라의 강연 또한 그러한 반응이 높았다. 군중들은 연사를 향해 조롱의 말을 던지기도 하고, 연설을 중지시킨 경찰에게 그 이유를 따지기도 했다. 강연장은 그야말로 야단법석의 난장판이 되었고, 마침내 강연회는 산회했다.

그런데 1922년 10월 종로청년회관의 강연회와 1923년 1월 경운동 천도교당의 강연회 일시는 공교롭게도 서울에서 일어난 의열단의 거사와 일치한다. 권애라가 갑자기 경성에 등장한 1922년 10월 즈음에 의열단원 김시현은 국내에서 무기반입을 준비하고, 나중에 이중 밀정으로 유명해진 조선총독부 경부 황옥과 협의를 하고 있었다. 또 1923년 1월 경운동 천도교당에서 아수라장이 된 강연회가 있던 그 시각에는 의열단원 김상옥이 종로경찰서에 폭탄을 던지는 사건이 일어났다. 김상옥은 종로경찰서에 폭탄을 던진 뒤 일본 경찰과 3시간에 걸친 총격전을 벌이다 탄환이 떨어지자 스스로 목숨을 끊었다. 3월 15일 황옥을 비롯한 관련자 18명이 모두 일경에 체포됐고 도주했던 김시현도 대구에서 붙잡혔다.

이 시기에 권애라는 여성 해방을 위해 성Sexuality과 사랑의 자유를 주장하고 실천하고 있었다. 당시 근대여성의 대명사가 된 신여성들은 여성의 개성과 평등을 구현하는 방법의 하나로 성적인 해방과 자유를 주장했다. 신여성 1세대인 나혜석, 김일엽에 이어 사회주의 여성운동가로 활동했던 허정숙, 주세죽, 정종명, 정칠성도 그러했다. 권애라 또한 그들과 다르지 않았으며, 자신의 성적 결정권을 갖고 모스크바에서 김시현과 자유연애를 하고 자유결혼을 했다. 혼자서 혁명과 격동의 현장인 중국과 소련을 오가면서 더욱 당차고 저돌적인 자의식과 사회의식을 가지게 되었으리라 짐작할 수 있다. 그러나 세상 사람들과 언론은 권애라의 생각과 행동을 비난하고 조롱거리로 삼았다.

1926년 1월 19일 권애라는 다시 대중 앞에 섰다. 그러고는 또 한 번 사람들의 입방아에 오르내리는 일을 겪는다. 동광청년회 주최로 종로청년회관에서 열린 토론회는 '현대 여자의 단발의 가부'라는 제목으로 열렸는데, 강연회가 아니라 토론회로 흥미를 끌도록 작정하고 기획된 자리였다. 그날 토론회에는 600~700명의 청중이 운집했는데, 주제 때문인지 여성도 150여 명이나 몰려드는 흥행세를 치렀다. 당시 단발은 신여성 또는 여성해방의 상징이었다. 잡지『신여성』도 1925년 10월호에「단발특집호」를 실을 정도로 단발은 이념을 불문하고 여성들의 의식과 유행의 아이콘이었다. 사회주의 트로이카라 불린 허정숙, 주세죽, 고명자가 단발을 한 채 발을 드러내고 족탁足濯을 하는 사진은 당시 신여성의 풍속도로 읽혀졌다. 그런데 여성 해방을 부르짖었던 권애라가 단발 반대론자로 나왔다. 이날의 토론회를 전한『시대일보』의 기사의 제목은 '수라장 된 단발 토론'이었고, "권애라 여사의 단발 반대설로 애꿎은 사회자가 몽둥이 세례. 청중 2명, 종로서에 검속"이라고 그때의 상황을 전하고 있다. 권애라의 존재 자체가 난장판을 불러일으킬 정도였던 것이다. 여성의 외양은 근대화의 바람을 타고 변화하고 있었고, 여성의 단발머리는 전통과의 결별하는 상징으로 통하기도 했다. 그러나 1920년대 중반이 되면서 사회주의 여성들은 구여성들이 단발을 한 자신들에게 거리감을 느낀다는 것을 알아차렸다. 그리고 민중과 함께하기 위해 다시 전통적인 머리 모양으로 돌아가는 방식을 취하기도 했다. 대다수 여성들이 단발에 대해

단발을 한 채 발을 드러내고 족탁을 하는 여성 트로이카. 왼쪽부터 허정숙, 주세죽, 고명자 (조선희, 『세 여자』, 한겨레출판)

거부감을 가지고 있고 단발을 하지 않는 현실을 고려한 것이었다. 1929년 정종명과 김활란이 단발과 단발 반대 논쟁을 벌였던 것처럼 단발은 단순히 신여성의 상징으로만 볼 수 없는 의외성을 갖고 있었다. 권애라가 단발 반대를 주장했던 것은 당시 사회주의·공산주의 계열 여성의 단발에 대한 인식과 주장의 변천과 연관시켜 이해할 필요가 있을 것이다.

단발 반대 토론회가 있고 나서 이틀 뒤에 권애라는 이병철의 아내로 경성의 요릿집 명월관에서 열린 사회 명사 부부 동반 모임에

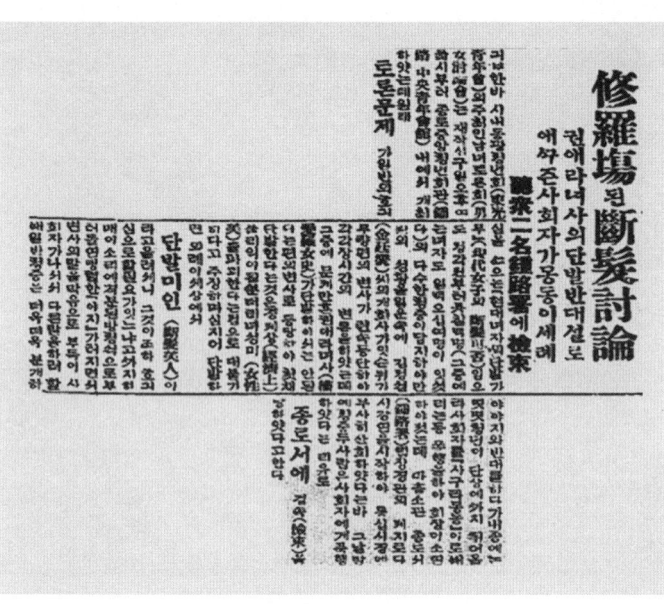
단발토론회 기사(『동아일보』, 1926년 1월 21일자)

참석한 것으로 보도되었다. 이후 권애라는 이병철의 '제2부인'이 되어 여성해방을 버리고 흙으로 돌아간 여성, 현모양처로 회자되었다. 이병철 역시 고향에 부인이 있었기 때문에 권애라는 이병철의 '제2부인'이 된 것이다. 이병철은 대한민국청년외교단 총무이자 대한민국애국부인회의 고문으로, 당시 그 사건으로 대구형무소에서 옥고를 치르고 나온 인물이었다. 1920년 상해애국부인회에서 활동했던 권애라는 일찍이 이병철을 알고 있었던 것이다.

김시현이 의열단 국내 무기밀반입사건으로 1923년 3월 체포되

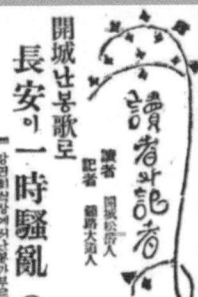

권애라에 대한 추측성 추적 기사
(『동아일보』, 1925년 10월 11일자)

추측성 기사에 실린 권애라와 아들
(『동아일보』, 1925년 10월 14일자)

어 5년 5개월 동안 옥살이를 하던 시기에 권애라는 대한민국애국부인회 고문이었던 이병철과 살림을 차린 것으로 언론에 보도되었다. 권애라와 이병철이 실제 부부였는지, 위장 결혼을 한 사이였는지는 불분명하다. 그러나 대한애국부인회 고문을 지낸 이병철과 실제 부부 사이였다고 해도 당시 자유연애와 성적인 해방을 실행하던 여성 활동가들의 '남성 편력'으로 볼 때 특이한 것은 아니었다. 그러나 이러한 여성들의 모습은 언론이나 남성 지식인들의 주목을 받았다. 여성들이 성의 해방과 자유를 주장하고 실행하는 것은 언론과 남성 지식인들에 의해 종종 야유나 비난의 대상이 되었다. 여성 웅변계의 스타로서 자유연애를 주장했던 권애라 또한 비난의 대상이 되어 대중매체의 지면을 장식했다.

1920년대 중반부터 1930년대까지 권애라는 대중의 관심을 끄는 소문의 주인공으로 추측성 또는 오락성 기사에 등장했다.

1925년 10월 『동아일보』에는 '권애라는 지금 무엇을 하고 있는지 궁금하니 그의 간단한 과거와 최근의 형편을 알 수 없을까요'라는 독자들의 요청에 따라 '권애라 여사의 최근생활'을 싣는다고 하며 3회에 걸친 연재를 하고 있다. 그 내용은 남녀평등, 독신주의를 내세우던 권애라가 연애자유를 내세우더니 이병철과 연애에 빠져 그의 '제2부인'이 되어 시부모에게 잘하는 여성이 되었다는 것이다. 1933년 9월 『별건곤』의 '만화경萬華鏡' 란에는 「난봉가 녀자의 또 난봉」이라는 가십성 기사가 실렸다.

한참 당년에 애국부인회사건의 관계 인물로 이름이 높고 연단에 나서면 여류대웅변가라고 누구에게나 박수 대갈채를 받던 권애라양은 연단에서 개성난봉가를 이번한 뒤로 권난봉이란 별명까지 듣다가 그의 사랑하는 이병철군과 결혼하야 충주에 가서 농촌생활을 하더니 여러 가지의 사정이 적지 안어서 그것도 팽개치고 나주羅州에 나려가서 유치원 보모 노릇을 한다는 소식은 벌서 재작년에 우리 지상에 소개한 듯하다. 그런데 최근 소식을 들으면 그는 정식으로 이군과 아주 이혼을 하고 민적까지 갈었다고 한다. 난봉가 잘하는 녀자가 眞實(진실)한 愛人(애인)은 難逢(난봉)인 듯.

『삼천리』 1939년 1월호의 「장안長安 천재가인才子佳人, 영화榮華와 홍망기興亡記」에서도 "그러면 이번에는 佳人들 여성들을 歷史順으로 치켜들어볼가 …… 권애라지. 황진이가 난 개성이 그 고향인데 서울청년회관서 강연하다가 조선 것을 왜 없애버려요. 서양 것만 문명인가요 하면서 〈개성난봉가〉 한 마디 잘 빼었지. 일종의 여류운동자 타입이었어요"라는 식으로 권애라는 여전히 대중의 관심 속에 있었다. 신문들은 그러한 관심과 인기를 이용해서 독자의 궁금증을 풀어준다는 명분 아래 권애라에 대한 추측성 기사를 싣기도 했다. 추측성 기사의 지면은 "자유연애를 주장했지만 이병철의 본가가 있는 충주 시집에서 순 조선식으로 차리고 알뜰한 살림꾼으로 산다", "너도 별수 없구나" 하는 식의 내용들로 채워졌다. 여성 웅변계에서 이름난 권애라는 스캔들의 주인공으로 비난의 대상이 되었다. 상하이에서 돌아온 권애라의 활동은 겉으로는 장안의 화제를 일으킨 여성 연설가, 자유연애의 주인공, 이병철의 '제2부인'으로 세간의 이목을 끌었지만, 그것이 전부는 아니었을 것이다. 그의 삶은 파란만장했고, 정확한 실체는 아직도 미궁 속에 있다.

만주에서 독립군 병력 충원을 위해 일하다

추측성 기사가 나오고 있던 시기 권애라는 그 기사들과 다른 삶을 살고 있었다. 앞의 이종률의 기록에는 김시현이 1939년 9월 나가사키형무소에서 형기를 마치고 나온 후 권애라와 아들 김봉년을 잠시 만난 장면이 서술되어 있다. 여기에는 권애라가 "저도 가야지요. 제 나이 마흔둘입니다. 당신을 모스크바에서 만나 20년이라는 세월을 보냈습니다. 그동안 욕을 참고 비밀을 지키고 장래를 기대하는 것만이 제 생활이었습니다. 이제는 독립의 시기도 다가섰고, 봉년이도 성년에 가깝고 하니, 나는 누구의 어머니인 것보다 누구의 아내인 것보다도 일 있는 조국의 딸의 하나로 일해야 하겠소"라고 술회했다는 내용이 실려 있다. 비밀을 지키는 과정에서 세상 사람들의 욕을 참고 살아왔음을 토로하고, 나이가 들었어도 독립운동의 주체로 활동하겠다는 의지를 보이고 있다.

권애라의 아들 김봉년이 1997년에 3·1여성동지회 창립 30주년 기념특집호 『3·1여성』 16호에 실린 「여성독립운동가와 그 후손의 증언」에서 밝힌 내용을 보면 1940년 6월 권애라는 중국 베이징에 있었던 것으로 서술되어 있다.

> 1940년 6월 나는 일제식민지 시대에 서울 청진동 친지 댁에 몸을 의지하며 머무르고 있을 때에 낯선 손님이 나를 찾는다고 하기에 손님을 만나보았더니 중국 북경에서 왔다고 하시면서 어머님 소식을 전한 후 아들 봉년을 만나보도록 부탁을 받고 왔다고 하시면서 어머님 편지를 전했습니다. 편지를 읽어보니 편지를 전해주신 분이 박봉필 朴鳳弼 씨라고 소개하시고, 편지 글체는 분명 어머님의 친필이었습니다. 편지를 받아본 후 즉시 박봉필 선생을 따라 중국 북경으로 출발하여 어머님 곁으로 찾아오라는 편지 내용이었습니다.

이 기록에 나오는 박봉필은 1908년 경북 예천 출신으로 의열단에 가입하여 1934년 만주에서 비밀결사 활동을 하며 동포 청장년을 항일운동에 동참시키고 독립군 편대에 가담시키는 일을 한 인물이다. 활동이 발각되자 1942년 체포되었고, 그 후 신경고등법원에서 무기형을 선고받고 옥고를 치르던 중 1945년 8월 13일 장춘 형무소에서 일본 관동군에 총살당했다.

김시현은 1930년대 전반 베이징을 근거지로 의열단의 군사간부학교와 중국군관학교에 생도를 모집하는 초모관 일을 맡으며, 베이징을 중심으로 난징과 뤄양, 만주를 연결하는 임무를 맡고 있

베이징 쯔진청(紫禁城) 구룡벽 앞에서 권애라, 김시현
(김희곤, 『김시현』(안동독립운동기념관 인물총서 9), 지식산업사, 100쪽)

었다. 그는 1934년 10월 군사간부학교 1기생 출신 한삭평이 변절하여 일제의 밀정 노릇을 한다는 것을 알고 그를 처단했다. 이 사건으로 그는 일본 경찰에 쫓기다 잡혀서 1935년 2월 15일 살인미수 혐의로 징역 5년을 선고받은 뒤 나가사키형무소에 송치되었다가 1939년 9월 8일에 풀려났다. 그리고 다음 해 1월 서울을 잠시 들렀다가 4월에 베이징으로 갔다. 그런 점으로 미루어보아 권애라는 1940년 1월 이후 베이징에 간 것 같다.

일본이 중일전쟁을 일으켜 중국을 침략하고, 이어서 태평양전쟁을 일으킨 상황에서 전쟁은 곧 독립운동의 현장이 되었다. 충칭 대한민국임시정부의 한국광복군, 김원봉의 조선의용대 등 군사력을 준비하는 것이 독립운동의 새로운 방법이자 기회였다. 권애라는 이러한 정세의 변화 속에서 중국의 항일 독립운동 현장으로 갔던 것이다. 권애라는 베이징으로 갔다가 아들 김봉년과 함께 중국 지린성 스자툰施家屯의 영신농장에 살며 독립군 병력을 충원하기 위한 활동을 했다. 권애라의 아들 김봉년은 위의 증언에서 일제 말기 중국 지린성 스자툰 영신농장에 도착하게 된 경위를 다음과 같이 술회하고 있다.

1942년 9월 하순경. 우리 일행은 일제 통치하에 있던 동북만주 지역인 길림성과 연변 지역으로 재차 밀입국하기로 결심하고 독립군의 병력 충원계획을 실천키 위해 극비리에 중국군과 일본군이 대치 중인 봉쇄선을 무난히 통과한 후 김봉년은 어머님 권애라 여사와 함께 만주 길림성 영길현 스자툰 소재 영신농장에 무사히 도착하여 안주할 수 있었던 것입니다. 김봉년은 우선 신분을 감추기 위해 영신농림학교 학생으로 위장 입학하고 만주 지역 연락총책인 박봉필朴鳳弼 선생과 수시로 연락을 취하였던 것입니다.

권애라는 관동군과 만주군이 휩쓸고 있는 만주에서 영신농장을 거점으로 삼아 청년들을 모아 훈련장이나 전투지로 보내는 일의 연락책이나 거점을 지키는 역할을 했다. 그러다가 1943년 3월 말 일본 관동군 헌병대의 수사관들이 불시에 영신농장을 급습하여 권애라와 아들 김봉년은 연행되었다. 그리고 간단한 신문 후 장춘형무소에 입감되었다. 권애라와 아들 김봉년은 '조선독립군의 조직결사 및 항일지하운동조직사건'의 피의자로 만주국고등법원에 기소되어 치안유지법 위반죄로 각각 징역 12년형을 선고받았다. 앞의 이종률의 기록을 보면 권애라와 아들 김봉년은 1945년 8월 15일 창춘형무소에서 출감했다.

해방 후 고단한 삶을 살며 잊혀가다

분단된 조국에서 역경에 부딪히다

해방 후 돌아온 조국은 연합군 태평양 방면 총사령부의 군사작전에 의해 남북이 분단되어 있었다. 원하지 않았던 방식으로 광복을 맞았기에 예측불허의 격동이 예고되어 있었다. 남북이 분단된 상황에서 점령군으로 들어온 미군은 한국독립운동의 처절했던 실상을 숭고하게 생각하지 않았다. 냉전의 소용돌이에서 점령지에 대한 관리에 치우친 나머지 독립운동가들에 대한 관심과 보호는 중요한 일이 아니었다. 그들을 해방된 조국을 건설한 주체로 인정하지 않았을뿐더러 여성 독립운동가에 대한 관심은 더더욱 가지지 못했다. 그러한 상황 속에서 해방 후 국내로 돌아온 권애라 역시 여성 독립운동가로 기억되지 못했다. 개성에서 만세운동을 주도한 것을 시작으로 항일운동의 기개를 갖고 국내와 소련, 중국에서 활약했던 권애라, 남성들을 압도했던 웅변의 달인 권애라는 점점 잊혀갔다.

해방은 권애라의 개인적인 삶도 바꾸어놓았다. 그녀는 김시현과 실질적인 결혼생활을 시작했고, 일제강점기 내내 비밀 속에 묻

어두었던 가족관계를 처음으로 드러냈다. 경성헌병대의 구치감에서 8·15 광복을 맞이한 김시현은 오랜 감옥생활과 고문으로 몸이 망가진 상태였다. 권애라 또한 창춘형무소에서 나온 이후 건강이 좋지 않은 중년의 여성이 되었다. 평생의 동지적 관계로 김시현과 부부의 연을 맺은 권애라는 혼란스러운 해방 정국에서 침묵의 세월을 보냈다. 권애라는 의열단 활동 등의 독립운동으로 명망이 높던 김시현의 아내 역할을 했다. 후일 권애라는 "할아버지(김시현) 때문에 꼼짝 못하고 집에서 살림만 했다"고 말하기도 했다.

김시현은 해방 후 적극적으로 정치활동에 나서지 않았다. 그러다 정치활동을 본격적으로 한 것은 1947년이었다. 당시는 남북분단으로 귀결될 것인지, 통일민족국가로 갈 것인지의 갈림길에 있었던 중요한 시기였다. 이때 그를 찾아온 사람은 1922년 극동민족대회에 참석하고, 1932년 의열단에서 조선혁명군 정치간부학교 설립할 때 가깝게 지냈던 김규식이었다. 이 무렵 김시현은 김규식이 추진하던 좌우합작위원회에서 위원으로 활동했다. 이후 김시현은 1947년 6월 좌우합작의 중도세력의 목소리를 모아 통일을 지향하는 정치활동을 하게 되었다. 그러나 7월 19일 여운형의 암살로 좌우합작위원회의 활동은 주춤해지고, 좌우편향을 극복하고 민족자주노선을 지향하고자 10월 1일 민족자주연맹 결성 준비에 들어갔다. 김규식이 준비위원장, 김시현이 재무위원장을 맡았는데, 12월 20일 민족자주연맹이 정식 출범하면서 김규식이 위원장이 되고 김시현은 중앙집행위원이 되었다. 남한 단독정부 수립을 반대하고 남북을 하나로 묶는 정부 수립을 위해 활동했지만 그 목표를 달성하지는 못했다.

대한민국 정부가 수립된 이후 김시현은 정치에 발을 들여놓지 않았다. 1949년 2월 김규식의 민족자주연맹에서 다시 활동하고 그해 10월 민주국민당 고문에 선출되었다. 민주국민당은 이승만에 대한 반감을 가진 한국민주당과 신익희의 대한국민당, 이청천의 대동청년단 등이 참가했다. 1946년 6월 이후 이승만 정부의 극우 반공 정책, 국회프락치사건, 반민특위 사무실 습격, 김구 암살, 국민보도연맹 결성 등 극우반공체제가 구축되는 상황에서 중도파들은 현실참여로 방향을 잡았다. 이러한 상황에서 김시현은 민주국민당의 고문이 되었다. 그리고 그 다음 해 1950년 5월 제2대 국회의원 선거에서 민주국민당 후보로 안동 갑구에 출마했다. 이때 권애라는 그의 지역구의 유세에서 그의 입이 되어 연설을 했다. 김시현은 원래 달변이 아니었지만, 고문에 함구를 하느라 혀를 깨문 일이 한두 번이 아니라서 오래 연설을 하는 것이 무리였다.

김시현이 국회의원에 당선된 지 한 달도 안 되어 한국전쟁이 일어났다. 정부는 부산으로 옮겨갔고, 김시현은 부산 피난정부에서 국회상무집행위원회 부의장을 역임했으나, 발췌 개헌으로 독재를 가속화하는 이승만 대통령을 저격하는 사건에 연루되었다. '6·25사변 2주년 기념 및 북진촉구시민대회'로 명명된 대회장에서 60대 노인 유시태가 이승만 대통령을 저격하려 했으나 불발했다. 그러나 저격사건은 엄청난 반향을 일으켰다. 사건 다음 날 그

배후에 획책하고 지시한 혐의로 김시현이 체포되었다. 대통령저격사건의 주범으로 70세의 김시현은 사형을 선고받았으나, 1954년 무기징역으로 감형되었다. 김시현이 대통령저격사건을 일으켰을 때 권애라는 서울에 있었다. 권애라는 대통령저격사건 주범의 부인으로 이후 8년간 그를 옥바라지 하는 처지가 되었다. 이런 상황에서 권애라는 어떠한 사회활동도 할 수 없었다. 과거 그와 함께했던 많은 사람들은 오히려 그를 피했다. 일제강점기 친일 성향의 여성계 인사들이 대한민국 여성계의 리더로 활동할 때 권애라는 대통령저격사건의 주범 김시현을 옥바라지하며 세인의 기억 속에서 사라져갔다. 4·19혁명이 일어나자 김시현은 석방되었다. 권애라도 침묵하던 8년의 세월에서 해방되었다. 출감 후 김시현은 특별사면되었으나, 복권은 되지 않았다. 김시현은 일제의 간담을 서늘하게 했던 의열단원으로 10여 년의 감옥생활을 했지만, 오늘날까지도 복권이 되지 않아 독립운동가로 서훈을 받지 못하고 있다.

감옥에서 나온 김시현은 79세의 고령으로 1960년 7월 29일 제5대 민의원 선거에서 무소속으로 당선되었다. 그러나 장면 정부가 시국을 휘어잡기도 역부족인 데다가 일제 관료 출신들이 활동하는 상황에서 민주성장을 이루는 것은 어려워지고 있었다. 그는 해방 후 통일민족국가 수립과 반독재 민주주의를 위해 투쟁했으나, 현실 정치는 친일파들이 득세를 하고 있었다. 이러한 상황에서 1961년 5·16군사정변이 일어나자 국회는 해산되었다. 김시현은 국회의원의 직위도 없어졌다.

노년의 권애라

국회의원 출마 당시 권애라의 입후보자 포스터

격동의 와중에 노년의 김시현과 권애라의 경제적 사정은 더욱 어려워졌다. 서대문 불광동의 독박골로 전셋집을 얻어 이사했다. 평생 독립운동을 했고, 한 치의 타협도 없이 살았던 독립운동가 부부의 말년에 남은 것은 가난과 병이었다. 배급받은 밀가루로 연명할 정도였다. 권애라가 입고 다닌 것은 사철 검은 '몸빼' 바지에 검은 나일론 셔츠형 저고리였다. 신발은 사철 검정 고무신만 신었다. 그런 차림으로 권애라는 다방이건 관청이건 어디든지 드나들었다. 거물 인사들을 만날 때도 가리는 것 없이 그런 차림으로 박순천이나 김도연 등을 만나기도 했다. 그는 연명할 양식을 얻기 위해 고향 강화도 교동면 동산리를 찾기도 했다. 곤궁하기 그지없는 생활에 김시현은 1년여를 일어나지 못하고 1966년 1월 3일 84세의 일기로 세상을 떠났다. 김시현은 권애라를 평생 권동지라고 불렀다. 마지막 세상을 떠나기 전에도 김시현은 권애라에게 "권동지, 미안하오. 내가 조국독립을 위해 몸 바쳐 투쟁했는데, 반쪽 독립밖에 이룩하지 못했소. 남은 생을 조국통일사업에 이바지해 주오"라는 말을 남겼다고 한다.

국회의원 후보가 되고 3·1여성동지회를 결성하다

권애라는 1967년 6월 8일 국회의원 총선에 한국독립당 후보로 출마했다. 작고한 남편 김시현의 고향인 안동에서 출마했는데, 그의 나이 70세였다. 여성이 일흔의 나이에 국회의원에 나오자 잡지와 언론은 하나의 가십거리로 다루었다. '너도나도 속게 낀 당년 70세, 성별 여자'라는 제목의 기사가 보도되고, 주간지에는 "6·8선거에 안동에서 출마한 권애라 할머니, 권난봉·권박연폭포란 별명, 고 김시현 옹과 모스크바에서 결혼하고, 김옹의 국회의원 출마 때마다 연설해주고 이번에 유언에 따라"와 같은 흥밋거리 기사가 실렸다.

권애라의 선거용 벽보에는 "독립통일에 앞장섰던 한독당 몰아주자"는 구호가 적혀 있다. 한독당은 1930년 중국 상하이에서 조직된 독립운동단체로 이시영, 김구, 안창호, 조소앙 등이 1928년에 처음 조직했다. 이후 만주에서 내려온 이청천·여준 등의 한국독립단과 이탁·현익철 등의 조선혁명당을 맞아 한국독립당을 재결성했다. 이동녕, 안창호, 이유필, 조완구, 김두봉, 안공근 등이 삼균주의三均主義에 입각하여 ① 국내민족에 대하여 혁명의식을 환기하고 혁명역량을 집중한다, ② 엄밀한 조직하에서 민족적 반항과 무력적 파괴를 적극 진행한다, ③ 세계 피압박민족의 혁명운동단체와 함께 협력을 도모한다는 당책과 당강을 작성했으며, 강력한 항일투쟁을 표방했다. 또 기관지 『상해신문』을 발간하여 중국에 거주하는 한인교포들에게 임시정부의 활동 상황 등 독립운동에 관한 것을 선전했다. 그리고 의열투쟁으로 1932년 3월 이덕주李德柱, 유진만兪鎭萬의 한국 잠입 및 조선총독 처단계획과 같은 해 4월 유상근柳相根, 최흥식崔興植의 일본관동군사령관 폭살계획에도 간접적으로 관여했다. 한편 만주사변으로 일본의 중국 본토 침입이 본격화되자, 1932년 11월 10일에는 조선혁명당, 조선의열단, 한국혁명당, 광복동지회 등과 연합해 조직한 한국대일전선통일동맹에 참가했다. 1937년 중국관내 민족주의진영은 한국국민당, 한국독립당, 조선혁명당의 3당으로 정립되었는데, 이들 3당은 중일전쟁이 일어나자 효과적인 대일항전을 위해 3당 연합을 모색하기 시작했다. 그 후 한국광복운동단체연합회, 전국연합진선협회를 거쳐 1940년 5월 우익 민족 3당인 한국국민당, 한국독립당, 조선혁명당은 새로운 한국독립당을 결성했다. 3당이 통합된 1940년의 한국독립당은 임시정부 그 자체였으며, 한국광복군을 조직했다. 이러한 한독당은 해방 후 귀국해서는 단독정부 수립에 반대하여

5·10총선거에 불참하고 이승만 등에게 의도적으로 배척되는 가운데 김구도 암살되어 구심점을 잃으면서 국민의회와 독립촉성국민회 등에 흡수되어 존재가 미미해졌다. 권애라는 이러한 한독당에 애착을 갖고 지난날의 독립정신을 되살려보고자 했던 것 같다.

권애라는 치장하지 않은 얼굴로 남루한 옷차림과 쪽진 머리를 하고 유세를 다녔다. 차림새는 남루했지만 그의 연설은 사람들을 끌었다. 그러나 권애라는 국회의원으로 당선되지 못했다. 아니 선거를 제대로 치르지 못했다. 1967년 5월 31일자 『경향신문』 사회면에는 안동에서 권애라 후보가 행방불명되었음을 알리는 기사가 실렸다. "경북 11지구 한독당 국회의원 입후보 권애라 여사(71)는 29일 밤 11시 한독당 사무실을 나간 후 30일 하오 6시 현재까지 행방이 알려지지 않고 있다. 한독당원 김승현 씨로부터 30일 상오 10시 신고를 받은 경찰이 수사에 나섰다"는 내용이었다. 그리고 사흘 뒤인 6월 3일자 같은 신문에 "한독 안동 입후보 권애라 여사 사퇴"라는 내용의 기사가 실렸다. 돈과 조직과 권력의 지원 없이 의지와 의욕만으로 선거를 치를 수 없는 현실에서 권애라는 현실과 이상의 괴리를 경험했던 것 같다. 그의 국회의원 선거 도전은 하나의 해프닝으로 끝났다. 김시현을 만난 이후 오랫동안 자기를 드러내지 못하고, 또 그의 그늘에서 그를 돕는 것에 그쳤던 권애라에게는 독자적인 활동기반이 없었던 것이다. 일제 시기 여성 독립운동가로서의 당찬 활동은 해방 후 고난과 격동의 현실에서 이어지지 못했다.

이러한 상황에서 권애라가 독립운동을 기억하고 기념하고자 동참한 것이 3·1여성동지회였다. 1967년 창립된 3·1여성동지회는 일제강점기 항일독립운동에 참여하여 옥고를 치른 18명의 여성 독립운동가들이 주축이 된 단체이다. 처음에는 최은희, 박현숙, 황애덕, 최매리, 권애라 등이 3·1여성친목회로 시작했는데, 점차 회원 수가 늘어났다. 1980년 3·1운동 60주년을 기념해 『한국여성 독립운동사』를 발간한 이후 매년 여성독립운동가의 활동을 재조명하는 일을 하고 있다. 권애라가 3·1여성동지회와 함께 마지막 사회적 활동을 보여준 것은 재일동포 김희로의 구명운동이었다. 1968년 그는 김희로의 구명을 위해 100만 명 서명을 목표로 하는 김희로 구출서명운동추진위원회 위원장으로 활약했다. 김희로는 재일교포로서 민족차별에 분개하여 장총으로 일본 야쿠자들을 죽인 사람이었다.

이즈음 권애라는 뇌졸중에 걸려 오른쪽 신체가 마비되었다. 입원해서 치료할 형편이 안 되어 적절한 치료를 받지 못했고, 2년의 와병 끝에 1973년 10월 22일 저녁 9시 서울 불광동 280-811 독박골에서 세상을 떠났다. 그의 나이 75세였다. 그의 부고는 당시 『동아일보』에 다음과 같이 보도되었다.

독립운동가 권애라 여사

독립투사 고 김시현 옹의 부인이며 자신도 독립운동을 한 권애라(사진) 여사가 22일 밤 9시 서울 서대문구 불광동 280의 811 자택에서

숙환으로 별세했다. 향년 75세. 권여사는 기미년 독립만세사건에 관한 옥고를 치른 후 중국에 망명, 독립운동을 했으며 만주에서 또 한 차례 옥고를 치렀고 해방 후 귀국, 여성운동을 해왔다.
발인은 26일 오전 10시, 장지는 고양군 벽제면 문봉리 공원묘지.

권애라는 김시현이 묻힌 안동의 선산에 묻히지 못했다. 선산의 김시현 옆에는 일찍 세상을 뜬 전 부인이 합장되어 있었기 때문에 고양군 벽제 공원묘지에 묻혔다. 그러나 아들 김봉년의 노력으로 권애라는 1990년 8월 독립유공자로 인정받아 건국훈장 애국장을 추서받고, 국립묘지에 안장되었다. 그는 대전현충원 애국지사묘역 464호 묘소에 영면하고 있다.

그의 묘소의 비석에는 다음과 같은 글이 새겨져 있다.

내 항상 그리던 님,
허리 꺾인 님이시여,
흐르는 피 강산에 즐퍽,
끊어진 님의 허리,
내가 이어 놓으리.

분단된 조국의 통일을 향한 그의 간절한 염원이 담긴 글이다. 통일은 독립운동가들이 꿈꾸었던 완전한 독립이었다. 권애라가 생각한 독립운동 또한 하나의 조국을 만드는 통일운동으로 이어지는 것이었다.

75년이라는 생의 시간을 살아낸 권애라는 개성에서 성장해 서울, 중국, 소련 등 자신이 항일운동과 능력을 발휘할 수 있는 곳 어디에서든지 물러섬이 없이 활동했다. 3·1운동의 절박한 상황에서 순발력과 기지를 발휘해 개성의 3·1운동을 이끄는 역할을 했다. 감옥에서는 독립운동에 참여한 여성들과 동지적 관계를 바탕으로 하여 여성으로서의 새로운 자각과 의식을 형성했으며, 대중 앞에서는 사회나 여성문제에 대해 적극적으로 발언하기도 했다. 그는 자각한 신여성으로서 외양이 아닌 생각의 진취성을 추구했고, 한 발 더 나아가 기존의 굴레를 벗어나 자유결혼에 도전했다. 그렇게 만난 남성과는 평생 동지적 관계를 맺었는데, 그들의 결혼생활은 일상적인 안락함을 추구하는 것이 아닌 독립운동의 일환이었다. 그 과정에서 그는 자신을 헌신하고 고통을 감내해야 했다. 그에 대한 평가는 종종 대중매체의 상업성에 의해 스캔들의 주인공으로 그려지기도 했다. 그러나 권애라는 주체적 존재로서의 여성상을 시도하고, 지속적으로 독립운동을 실천한 삶을 살았다. 20세기 역사의 수레바퀴에서 자신이 처한 현실에 물러남이 없이 적극적이고 진취적으로 살아간 여성의 삶의 궤적에는 항일독립운동의 역사가 함께 있었다.

참고문헌

『동아일보』,『매일신보』,『조선일보』,『시대일보』,『開闢』,『別乾坤』.
3·1여성동지회,『한국여성독립운동가』, 국학자료원, 2018.
3·1여성동지회,『한국여성독립운동사』, 1980.
국가기록원,『여성독립운동사자료총서 1, 3·1운동 편』, 2016.
국사편찬위원회,『한민족독립운동사』 1·9, 1988·1991.
국사편찬위원회,『韓民族獨立運動史資料集』, 1986~2007.
권광욱,『권애라와 김시현』, 해돋이, 2012.
김경일,『신여성, 개념과 역사』, 푸른역사, 2016.
김경일,『여성의 근대, 근대의 여성』, 푸른역사, 2004.
김봉년,「여성독립운동가와 그 후손의 증언」,『3·1여성』16, 3·1여성동지회, 1997.
김희곤,『김시현』안동독립운동기념관 인물총서 9, 지식산업사, 2016.
박용옥,『한국근대여성운동사연구』, 지식산업사, 1996.
박용옥,『한국독립운동의 역사 31. 여성운동』, 독립기념관 독립운동사연구소, 2009.
박용옥,『한국여성독립운동』, 독립기념관 독립운동사연구소, 1989.
신지영,『부(不)/재(在)의 시대: 근대계몽기 및 식민지기 조선의 연설·좌담회』, 소명, 2012.
애국동지원호회,『한국독립운동사』, 1956.
이종률,『조국을 세우기 위한 투쟁의 일생 – 김시현선생과 그 영부인의 전기』, 1961.
이지원,「개성의 3·1운동」,『역사와 현실』113, 2019.
이지원,「일제시기 젠더문화의 일면」,『동방학지』186, 2019.
이지원,「젠더사로 읽는 3·1운동」,『내일을 여는 역사』72, 2019.
朝鮮總督府警務局,『國外ニ於ケル容疑朝鮮人名簿』, 1934.
한국독립운동사편찬위원회,『한국독립운동사자료집』, 1970~1978.

수원 기생 김향화와
3·1운동에 나선 기생들

김향화

소현숙

김향화와 수원 기생들
만세운동에 나서다

수원 기생들 만세를 외치다

수원에서 만세시위가 한창이던 1919년 3월 29일 수원예기조합 소속 기생 30여 명은 오전부터 성병검사를 받기 위해 자혜의원으로 이동하고 있었다. 1910년에 설립된 수원자혜의원은 화성행궁 봉수당奉壽堂에 위치한 관립병원으로, 조선총독부는 이 병원에서의 진료를 통해 '천황의 은혜'를 선전함으로써 식민지배의 폭압성을 가리고자 했다. 기생들은 정기적으로 자혜의원에서 위생검진을 받곤 했으므로, 이들은 누구보다 '천황의 인자한 은혜'를 입는 존재들이었어야 했다. 그러나 이날 자혜의원으로 향하는 기생들 사이에서 목청이 터져라 뚫고 나온 소리는 다름 아닌 조선의 독립을 외치는 만세 소리였다.

오전 11시 30분쯤 자혜의원으로 가던 기생들이 만세를 부르기 위해 멈춰선 곳은 바로 수원경찰서 앞이었다. 스무날 가까이 이어진 만세시위로 조선 전역에는 긴장감이 한없이 고조되어 있던 차였다. 끊어질 듯 팽팽한 긴장감을 뚫고 시위 진압의 최전선이라 할

기생들의 시위가 있었던 수원 자혜의원 전경

수 있는 경찰서 앞에서 갑자기 만세를 부르기 시작한 기생들의 용기는 실로 놀라운 것이었다. 이들은 미리 준비해 온 태극기를 꺼내 들고 목청껏 만세를 불렀다. 누구도 예측하지 못한 일이었다. 삼엄한 분위기에도 아랑곳하지 않는 기생들의 행동에 도리어 당황한 쪽은 일제 경찰이었다. 급히 기생들을 병원 쪽으로 내쫓았지만, 경찰의 저지에도 기생들의 기세는 꺾이지 않았다. 병원 뜰 안으로 들어간 기생들은 그곳에서도 그치지 않고 만세를 불렀다. 의기양양한 기생들의 만세 소리에 이번에는 병원 직원들이 기겁했다. 정신없이 쫓아나와 기생들을 병원 밖으로 밀어냈다. 이리 밀리고 저리 밀리고 옥신각신하며 만세행진을 이어가던 기생들은 결국 다시 경찰서 앞으로 돌아와서야 해산했다.

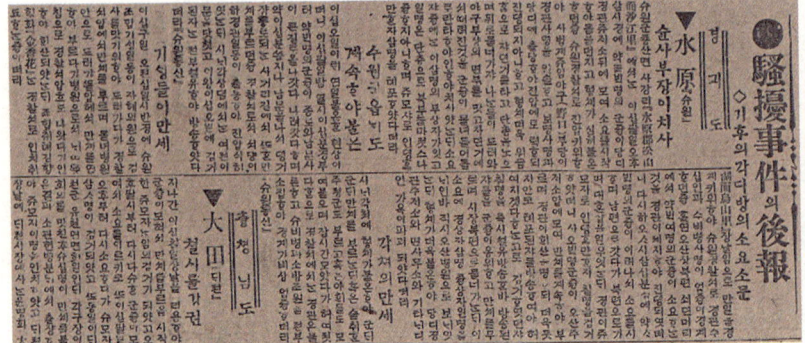

수원 기생들의 만세시위를 보도한 신문 기사(『매일신보』, 1919년 3월 31일자)

이날 수원 기생들의 시위를 주도했다는 이유로 기생 한 사람이 체포되었다. 바로 기생 김향화金香花였다. 당시 23살로 갸름한 얼굴에 주근깨가 있고 순하고 귀여운 인상이었다던 김향화는 수원예기조합水原藝妓組合의 이사이자 30여 명 기생들의 리더였다. 그는 이날 시위 직후 검거되어 서대문감옥에 수감되었다. 탁 트인 목소리로 〈경성잡가〉, 〈서관소리〉에 능통했다던 그녀가 대한독립만세를 목 놓아 외친 이유는 무엇일까. 그리고 기생들은 왜 만세시위에 나섰던 것일까.

수원 기생들이 3·1운동에 가세한 정황을 좀 더 자세히 살펴보자. 다른 어느 곳보다도 격렬했던 수원에서의 만세시위 정황을 들여다보면, 기생들이 얼마나 삼엄한 상황에서 목숨을 걸고 만세를 불렀는지 새삼 놀라게 된다.

일제의 강점하에서 일어난 최대 규모의 저항운동인 3·1운동은 1919년 3월 1일 서울에서의 만세시위에서 비롯했다. 수개월 동안

1,700건에 육박하는 시위가 이어졌다. 전국적으로 시위에 참여한 인원은 100만 명이 넘었다. 자료로 확인된 사망자만 해도 934명에 달했다. 이처럼 전국이 3·1운동의 거대한 흐름 속에 휩싸였을 때 어느 곳보다 빈번하고 격렬하게 만세시위가 전개된 곳이 경기도였다. 경기도에서 일어난 시위는 397건으로 전국에서 가장 많았다. 시위 형태도 매우 격렬해서 군중에 의해 일제 경찰 2명이 타살되었다. 그중에서도 수원은 안성과 더불어 일제 경찰이 죽임을 당할 만큼 맹렬한 만세시위가 휩쓸고 간 곳이었다.

수원은 만세시위가 처음 일어난 서울과 인접해 있어 다른 어느 곳보다 서울 소식을 빠르게 접할 수 있었다. 게다가 기차를 이용해 서울로 통학하는 학생들도 많았고, 조선총독부의 기관지이자 당시로서는 유일한 일간지였던 『매일신보』를 구독하는 식자층도 많았다. 그런 까닭에 수원 사람들은 시대의 정세에 민감하게 반응했다. 고종의 인산일인 3월 1일에 의복을 갖추어 입고 직접 서울로 간 이들도 적지 않았다.

이처럼 시대의 흐름에 민감한 지역이었던 만큼 수원의 3·1운동은 3월 1일 당일부터 시작되었다. 김세환, 김노적 등 명망 있는 지식인과 젊은 학생 수백 명이 수원면 화홍문 주변에 모여 만세를 외쳤다. 그리고 여기에 많은 천도교도와 기독교도, 유학자, 농민, 상인들이 가세했다.

3월 16일에는 장날을 이용하여 팔달산 서장대와 동문 안 연무대에 수백 명이 모여 만세를 불렀다. 시위대가 시가지 종로를 통과

수원 성루

하던 중 일제 경찰과 소방대, 헌병대가 출동해 주동자를 검거했다. 이에 시내의 상인들은 체포된 사람들의 석방을 요구하며 상가 문을 걸어 잠그고 철시투쟁에 나섰다. 일본인들에게 상권을 빼앗긴 상인들이 적극적으로 시위에 동조한 것이다. 3월 21일에는 오산리 천도교인 박두병, 김재천, 김진성 등이 인근 마을 주민들과 기독교인들에게 연락해 거리를 행진하며 평화적으로 만세를 불렀다. 이틀 뒤인 3월 23일에는 수원역과 서호 부근에서 소작농 등이 중심이 된 700여 명의 시위대가 만세를 불렀다.

분위기는 더욱 무르익었다. 장날인 3월 25일부터 일주일 뒤인 3월 31일까지는 만세시위가 거의 매일 일어났다. 그 와중에 일본 경찰이 성난 군중에게 맞아 사망하는 일까지 발생했다. 3월 28일이었다. 상황은 꽤 긴박하게 진행되었다. 수원군 송산면 사강리에서 장날을 이용해 오전 10시경 장터에 모인 사람들이 만세를 부르기 시작했다. 이를 본 일제 경찰들은 해산을 명령했지만, 홍면옥 등 시위 주도자들은 만세시위를 계속 이어가도록 사람들을 독려했다. 그러던 중 오후 3시경부터 약 200~300명의 군중이 주재소 뒤쪽으로 모여들었다. 마침 경찰들을 인솔하고 그곳에 도착한 수원경찰서 사법계 주임 노구치野口廣三는 시위를 진압하기 위해 안간힘을 썼다. 그러나 형세는 쉽사리 진정되지 않았다. 오히려 더 거세고 위급해질 따름이었다. 노구치는 시위대의 기선을 제압하기 위해 주도자로 파악된 홍면옥과 이규선, 예종구 등 3명을 잡아 꿇어 앉혔다. 그런데 홍면옥이 갑자기 일어나 만세를 부르기 시작했다. 당황한 노구치는 홍면옥을 향해 총을 쏘았고, 이에 홍면옥이 피를 흘리며 쓰러지자 흥분한 시위대가 노구치에게 돌을 던지며 거세게 저항하기 시작했다. 결국 군중의 기세에 잔뜩 겁을 먹은 노구치는 시위대를 향해 발포하면서 자전거를 타고 남양 방면으로 후퇴하기 시작했다. 그 순간 군중들이 던진 돌에 맞아 노구치가 자전거에서 떨어져 쓰러졌다. 이때 송산면과 서신면 주민들이 다가가서 돌과 곤봉으로 그를 처단했다. 이날 밤 군중의 시위는 한밤중까지 이어졌다. 상점은 여전히 문을 닫은 상태였고, 거리에는 긴장감이 감돌았다.

  예상치 못한 일본인 경찰의 사망 사건에 분노한 일제는 만세시위를 주도했던 인물들에 대한 검거와 강력한 처벌로 대응했다. 기생들의 만세시위가 이어진 것이 바로 노구치 사망 사건이 있고 난 다음날이었으니, 그 터질 듯 팽팽한 긴장감을 뚫고 기생들의 함성이 천지를 흔들었던 것이다. 이때 미리 태극기를 준비하여 용감하게 시위를 주도한 이가 바로 기생 김향화였다.

『조선미인보감』을 통해 본 수원 기생들

아쉽게도 자료가 충분치 않아, 만세시위에 나선 김향화와 그 동료 기생들의 면면과 인생 내력 등을 자세히 알 수는 없다. 다만 3·1운동이 일어나기 한 해 전인 1918년에 간행된 『조선미인보감朝鮮美人寶鑑』을 통해 그들의 이름과 사진, 출신지, 용모, 특기 등을 확인할 수 있다. 이 책은 경성일보사의 사장이었던 아오야나기 고타로靑柳綱太郎가 우리나라 서적업계의 원로로 알려진 신구서림新舊書林의 운영자 지송욱池松旭과 함께 작성하여 발행한 책이다. 이 책에는 서울을 비롯한 대구, 김천, 동래, 창원, 광주, 평양, 수원, 개성, 인천, 안성, 연기의 권번 혹은 기생조합에 소속된 기생들이 소개되어 있다. 무려 600여 명의 기생들에 대한 개개인의 약력과 사진이 실려 있는 것이다. 한 면을 둘로 나누어 오른쪽 위에는 소개하고자 하는 기생의 원적原籍과 현주소를, 중앙에는 인물 사진을, 왼쪽 위에는 기생의 특기인 기예를 실었다. 그리고 오른쪽 아래에는 한문으로, 왼쪽 아래에는 한글로 해당 기생에 대해 소개하는 글을

가야금을 타는 기생

실었다. 이 글에는 기생의 신상에 관한 사항부터 특기까지 다양한 내용이 담겨 있다. 기생의 특기로 언급된 내용을 보면, 성악으로는 가곡·가사·시조와 잡가, 판소리, 민요 등이 있고, 기악곡으로 풍류와 산조가 있으며, 정재呈才도 기예에 포함되어 있다. 이 외에도 일본 악기인 샤미센三味線 연주, 일본 노래인 〈이소부시磯節〉와 〈나니와부시浪花節〉, 〈돈돈부시どんどん節〉 등 가창도 나타나 있어 식민화에 따라 기생들의 기예 내용에도 변화가 있었음을 알 수 있다.

당대의 내로라하던 기생들을 소개한 이 책에서 김향화를 비롯한 수원 기생 33명의 이름을 찾을 수 있다. 이들이 바로『조선미인보감』간행 이듬해에 수원 만세운동에 나섰던 주인공들일 것이다. 이들은 수원기생조합(정식 명칭은 수원예기조합) 소속 기생이었다. 일제 강점 직후인 1910년대 초반에 만들어진 이 조합은 수원면 남

〈표 1〉 3·1운동에 참여한 것으로 추정되는 수원 기생들(『조선미인보감』, 1918)

성명	나이(1918년 기준)	출신지(원적)
서도홍(徐挑紅)	21	경성부
김향화(金杏花)	22	경성부
이금희(李錦姬)	23	경성부
손산홍(孫山紅)	22	충청남도 공주군
신정희(申貞姬)	22	경성부
오산호주(吳珊瑚珠)	20	전라북도 전주군
손유색(孫柳色)	17	충청남도 공주군
이추월(李秋月)	20	경성부
김연옥(金蓮玉)	18	경성부
김명월(金明月)	19	경상남도 진주군
한연향(韓蓮香)	22	경기도 양주군
정월색(鄭月色)	23	경상남도 창원군
이산옥(李山玉)	19	경상북도 대구부
김명화(金明花)	17	경성부
소매홍(蘇梅紅)	20	경상남도 진주군
박능파(朴綾波)	17	경상남도 동래군
윤연화(尹蓮花)	19	경성부
김앵무(金鸚鵡)	16	경성부
이일점홍(李一点紅)	16	경성부
홍죽엽(洪竹葉)	18	평안남도 평양부
김금홍(金錦紅)	17	전라북도 장성군
정가패(鄭可佩)	17	경상남도 진주군
박화연(朴花娟)	19	경상남도 진주군
박연심(朴蓮心)	20	경성부
황채옥(黃彩玉)	22	충청남도 아산군
문롱월(文弄月)	21	경상남도 진주군
박금란(朴錦蘭)	18	경상남도 진주군
오채경(吳彩瓊)	15	전라북도 전주군
김향란(金香蘭)	18	경성부
임산월(林山月)	17	경성부
최진옥(崔眞玉)	19	경성부
박도화(朴桃花)	23	경상북도 의성군
김채희(金彩姬)	15	경성부

수리에 있었는데, 이곳은 오늘날 화홍문 아래 수원천을 따라 있는 남향동 일대에 해당한다.

『조선미인보감』에 실린 수원 기생은 서도홍, 김향화, 이금희, 손산홍, 신정희, 오산호주, 손유색, 이추월, 김연옥, 김명월, 한연향, 정월색, 이산옥, 김명화, 소매홍, 박능파, 윤연화, 김앵무, 이일점홍, 홍죽엽, 김금홍, 정가패, 박화연, 박연심, 황채옥, 문롱월, 박금란, 오채경, 김향란, 임산월, 최진옥, 박도화, 김채희 등 33명이다. 이들은 대체로 10대 후반에서 20대 초반의 젊은 여성들이었는데, 3·1운동 당시 16살밖에 되지 않은 어린 여성도 있었다.

김향화, 수원 기생들의 시위를 주도하다

시위를 주도한 김향화는 1896년 7월 16일생으로 향화는 기명이다. 한자로는 행화杏花라고 썼지만, 향화라 불렸다. 원래 서울에서 태어났으나 집안 형편 때문이었는지 일찍부터 기생이 되었다. 1915년 9월 25일자 『매일신보』 기사를 보면, 광교조합의 행사에 32명 정도의 기생들이 출연했는데 김향화는 두 번째 무대인 연화대무蓮花臺舞를 선보였다. 그의 나이 19세 때였다. 광교조합은 기둥서방이 있는 유부기有夫妓들의 조합으로 1913년에 남편이 없는 기생들, 즉 무부기無夫妓들이 모인 다동조합이 설립되자 그에 맞서 결성된 기생 조합이었다. 김향화가 선보인 연화대무는 1901년 고

『조선미인보감』에 소개된 김향화(『조선미인보감』, 1918)

김향화의 연화대무 공연 소식이 실린 신문 기사

김향화의 재판 소식을 전하는 신문 기사

종의 탄신 50주년을 맞아 기념으로 베풀어진 진연進宴 때 공연된 정재의 한 종목으로, 음악과 노래, 춤이 어우러진 종합 예술의 하나였다.

서울에 있던 김향화가 언제 수원으로 내려왔는지는 알 수 없다. 다만 1918년에 간행된 『조선미인보감』에 수원예기조합의 일원으로 수록된 것으로 보아 1918년 이전의 어느 시점에 수원으로 왔을 것으로 짐작된다. 김향화는 목청이 탁 트여 애절하면서도 구슬프게 노래를 잘했으며, 검무와 승무 등에도 능했고 가사와 시조 등에도 막힘이 없었다고 한다.

1919년 3월 29일 시위 직후 주모자로 검거된 김향화는 체포된 뒤 약 2개월의 감금과 고문 끝에 경성지방법원 수원지청 검사분국으로 넘겨져 재판을 받았다. 보안법 위반으로 8개월의 구형을 받았으나, 최종적으로 징역 6개월 형이 확정되었다. 시위 가담으로 투옥된 기생 중에 통영의 정막래와 이소선의 판결문은 지금까지도 남아 있으나 아쉽게도 김향화의 재판 기록은 찾아볼 수 없다. 다만 1919년 6월 20일자 『매일신보』에 김향화에 대한 재판 소식이 전해진다. 기사에 따르면, 기생에 대한 재판이라는 전대미문의 사건을 보기 위해 방청석은 사람들로 가득 찼었다고 한다. 이후 김향화는 서대문감옥에서 유관순과 같은 방에 수감되었다고 하는데, 감옥에서 나온 이후의 행적은 안타깝게도 더 이상 알려진 바가 없다.

기생들, 만세운동의 대열 속에 뛰어들다

여성들 3·1운동에 동참하다

1919년 3월 1일 서울, 평양, 의주, 정주, 해주, 원산, 영흥 등지에서 동시다발적으로 시작된 만세운동은 이후 전국으로 번져나갔다. 남녀노소 계층을 불문하고 많은 이들이 거리의 함성에 동참했다. 그중에서도 유달리 눈에 띄는 것은 여성들의 참여였다. '양같이 순하던' 여학생들이 '성난 사자처럼' 굳게 닫힌 교문을 부수고 담을 넘어 거리로 나서 이목을 집중시켰다. 전도부인과 여학교 교사 등도 시위에 합류했다. 이들은 단순히 시위에 가담하는 것을 넘어서 만세시위에 쓸 전단지와 태극기를 미리 준비하여 배포하는가 하면, 파리강화회의에 호소문을 보내어 한국인들의 독립의지가 강하다는 사실을 알리고자 시도하기도 하였다.

이처럼 전례 없는 여성 참여로, 3·1운동은 '여자도 민족의 일원'임을 증명해낸 사건으로 기억되어왔다. 그동안 여자라는 이유로 공적 영역, 특히 정치 영역에서의 발언권을 제대로 인정받지 못했던 여성들이었다. 그러나 민족의 독립이라는 커다란 대의에 기여함으로써 여성들은 단숨에 어엿한 민족의 구성원으로서 어깨를

나란히 할 수 있었다.

하지만 여성들이 3·1운동에 미친 영향과 3·1운동이 여성의 삶에 초래한 변화는 민족의 일원임을 확인하는 차원을 능가하는 더 깊은 진폭의 울림을 낳았다. 무엇보다 여성들은 거리에서 군중의 머릿수를 채우는 존재이기만 했던 것은 아니다. 조직적으로 시위를 준비하고 계획하면서 운동을 촉발하고 이끌기도 했다. 자칫하면 만세시위가 무산될 뻔했던 개성의 사례는 이를 잘 보여준다. 서울에서 어렵게 전달받은 독립선언서였지만, 감히 위험을 감수하고 배포에 나설 이가 없어 사장될 상황이었다. 이때 위험을 무릅쓰고 배포자의 역할을 스스로 맡은 이가 바로 전도부인 어윤희였다. 독립선언서를 전달받은 그는 보따리 장사를 가장하고 대낮에 집집마다 독립선언서를 돌렸다. 호수돈여학교 사감 신관빈과 전도부인 심명철 등 다른 여성들도 이에 합류했다. 이들이 내딛은 선도적인 발걸음으로 개성지역 3·1운동의 첫 불씨가 비로소 당겨졌다.

한편, 3·1운동은 이후 여성들의 삶에도 큰 변화를 가져다주었다. 오죽하면 3·1운동 이후 '가장 열렬하게 급진한 것은 부인계'라는 평가가 나타났으랴. 1919년 이후 전국 각지에는 다양한 여성단체들이 우후죽순 설립되었다. 이들 조직에 적극 참여하며 독립운동과 사회운동에 헌신하는 여성들이 대거 등장했다. 이들은 종래의 가정에만 속한 '현모양처'로서의 삶을 거부하고 당당히 정치사회적 존재로서 자신의 존재를 증명하고자 했다.

흥미로운 것은 여성들의 집단적인 3·1운동 참여 근저에는 이들의 활발한 조직활동의 경험이 자리잡고 있다는 점이다. 만세 시위에 적극 참여했던 여학생, 교사, 전도부인, 그리고 기생들은 각각 학교와 종교조직, 기생조합과 같은 근대적 조직 속에서 활동하였던 존재였다. 조직을 바탕으로 활동하고 서로 연대함으로써 여성들은 정치의 주체로서 거리에 그 모습을 드러낼 수 있었다. 사실, 19세기 중반까지도 여성들에게 집안이나 친족 네트워크를 벗어난 여성들만의 단체활동이나 네트워크의 구축은 낯선 것이었다. 19세기 중반 호서 지역 양반 집안의 여성이었던 유씨가 남긴 『경술일기』를 보면, 유씨의 남편인 김호근이 상당히 다양한 조직과 네트워크를 통해 사회생활을 영위했던 것에 반해 유씨는 거의 친족들과만 왕래했고 만남의 형태도 일대일의 범위를 넘어서지 않았다. 친족 간의 교류를 벗어난 여성들 사이의 조직적 만남과 집단적 활동 및 연대의 경험 자체가 근대적인 현상의 하나였던 것이다. 여학교와 기숙사를 통해 조직적으로 움직인 여학생들, 교회 네트워크를 통해 함께 활동한 전도부인들과 더불어, 기생들은 기생조합이라는 새로운 조직활동의 경험 속에서 만세시위에 집단적으로 나설 수 있었던 것이다.

기생들 만세시위, 각지에서 일어나다

기생들이 3·1운동에 나선 곳은 수원만이 아니었다. 진주, 안성,

해주, 통영 등 전국 각지에서 기생들이 만세시위에 나섰다. 이들은 독자적으로 혹은 군중과 합세하여 만세운동을 펼쳐나갔다.

전국의 기생들 중에서 가장 먼저 만세운동에 나선 것은 진주 기생들이었다. 진주는 기생들의 고장이자, 논개를 비롯해 왜적에 항거한 역사가 서린 곳이지 않은가. 진주읍의 장날인 3월 18일, 진주의 3·1운동은 시작되었다. 사전에 준비된 만세시위는 오후 1시경 비봉산 위에서 울려 퍼진 나팔소리를 신호로 군중들이 일제히 봉기하며 시작되었다. 여러 곳에서 시위를 시작한 군중들은 오후 4시경 경상도청 앞으로 집결했다. 그 수가 2~3만 명에 달했다. 이 대규모의 만세시위에 당황한 일본 헌병과 경찰은 시위대 검거에 나섰다. 그러나 시위대는 경찰의 탄압에도 아랑곳하지 않았고, 만세시위는 밤까지 이어졌다. 여러 곳에서 동시다발적으로 봉화가 올라갔고, '노동독립단'과 '걸인독립단'까지 가세하며 시위는 더욱 거세게 전개되었다. 진주 기생들이 시위에 가담한 것은 다음 날인 3월 19일이었다. 3·1운동의 여파 속에서 진주 읍내 상점들이 철시투쟁에 들어갔다. 오전 11시가 되자 읍내에 다시 군중이 모여 악대를 선두로 태극기를 앞세우고 독립만세를 외쳤다. 이때 진주 기생들도 '대한독립만세'를 외치며 시위 군중의 대열에 가세하여 함께 촉석루로 향한 것이다. 기생들이 독자적으로 만세시위를 벌였던 수원과 달리, '기생독립단'이라 명명되었던 진주 기생들은 태극기를 앞세우고 군중과 함께 행진했다. 시위에 나선 기생들은 "우리가 죽어도 나라가 독립이 되면 한이 없다"고 외쳤다. 이 시위 끝에

진주 촉석루

기생 6명이 일제 경찰에 검거되었다.

안성에서도 기생들의 만세시위가 있었다. 이들은 수원이나 진주에서와 달리, 군중의 선두에 서서 시위를 이끄는 모습을 보였다. 3월 11일 읍내에서 시작된 안성의 만세시위는 3월 30일부터 본격화하였다. 이날 안성 읍내 장터에서 집단을 이루어 만세를 외치기 시작한 군중은 자정 무렵까지 흩어지지 않은 채 시위를 이어갔다. 경찰서에 투석하고 면사무소와 군청을 공격하는 등 시위는 매우 격렬했다. 일제 경찰과 방위단은 인산인해를 이룬 시장의 군중을 무력으로 위협하며 시위대 해산을 시도했으나 여의치 않았다. 시위는 어느새 군중과 일제 경찰, 방위단 사이의 난투로 변했고 경찰은 결국 총을 발포해 군중을 해산하고 주동자를 체포했다.

<표 2> 전국 각지에서 일어난 기생들의 3·1운동

장소	일시	시위 내용	참여 기생	체포자
경남 진주	3월 19일	군중과 함께 남강에서 촉석루까지 행진하며 만세시위를 함.	기생독립단	기생 6명
경기 수원	3월 29일	위생검진을 받기 위해 가던 중 경찰서와 수원자혜의원 앞에서 만세시위를 함.	수원예기조합 기생 30여 명	김향화 (징역 6개월)
경기 안성	3월 31일	안성조합 기생들이 만세시위를 시작하자, 군중이 가세해 군청과 경찰서, 면사무소에 몰려가 시위함.	안성조합 기생	
황해 해주	4월 1일	해주군 종로에서 기생들이 태극기를 들고 만세시위를 함.	해주 기생 10여 명	
경남 통영	4월 2일	기생들이 상복 차림으로 기생조합소를 출발해 통영면 부도정시장에서 만세운동의 선두에 서서 수천 군중과 함께 조선독립만세를 고창함.	기생단 7명	정막래, 이소선 (징역 6개월)

생명이 달린 위협적 상황에서도 군중은 기세를 멈추지 않았다. 시위는 다음 날 바로 이어졌는데, 누구보다 안성 기생들의 역할이 컸다. 경찰의 발포와 주동자 체포가 행해진 다음 날인 3월 31일 오후 4시경 한껏 긴장감에 휩싸인 거리에서 안성조합 소속 기생들이 만세를 부르며 시위를 시작했다. 그러자 숨죽이고 있던 안성 각처의 군중이 기생들의 만세운동에 촉발되어 다시 거리로 나섰다. 군

기생

중의 선두에서 군청에 다다른 기생들은 군수실에 들어가 군수를 끌어내어 독립만세를 부르게 했다. 이후 경찰서와 면사무소까지 들어가 만세를 부르고 안성 읍내 곳곳을 행진했다. 시위에 나섰던 기생들은 안성조합 소속으로 『조선미인보감』에 수록된 송계화宋桂花, 고비연高飛鳶, 변매화卞梅花, 이봉선李鳳仙, 강련화姜蓮花 등으로 추정된다. 자료가 부족하여 더 자세한 내용은 알 수 없어 아쉽다.

해주 기생들의 만세시위는 4월 1일에 일어났다. 해주에서 만세운동이 시작된 지 꼭 한 달만이었다. 서울에서 전해진 독립선언서와 서신으로부터 촉발된 해주의 만세운동은 3월 1일 기독교인들의 서언서 낭독으로 시작되었다. 남본정예배당에 모인 기독교인들은 봉도식奉悼式과 선언서 봉독식奉讀式을 개최하고 만세삼창을 불렀다. 3월 10일에는 천도교인 수백 명이 '조선독립만세'라고 쓴 깃발을 앞세우고 해주 읍내로 들어와 만세를 불렀다. 이에 읍내 주민

해주시가 전경

들이 합세하여 거리를 뒤덮었다. 삼엄한 경비 속에서도 만세운동이 이어지자 당황한 측은 일제 헌병과 경찰이었다. 주동자를 검거하고 군중을 해산하려 했으나, 만세시위는 수그러들지 않았다. 게다가 여학생들까지 가세했다. 결국 70여 명이 구속되고 저녁이 되어서야 군중은 해산했다. 3월 30일에도 만세시위가 있었다. 주재소 헌병 보조원들이 시위 주모자를 체포해 읍내 거리에 이르렀을 때, 군중들이 항의하며 경찰과 충돌했다. 시위에는 학생들과 어린이들까지 가세했고 다음 날까지 이어졌다. 어린 아이까지도 무자비하게 체포하는 포악한 분위기였다.

해주에서 기생들이 시위에 참여한 것은 이렇게 삼엄한 분위기 속에서였다. 4월 1일 해주 읍내의 기생들은 손가락을 깨물어 흐르는 피로 그린 태극기를 들고 종로로 나오며 만세를 불렀다. 이들은

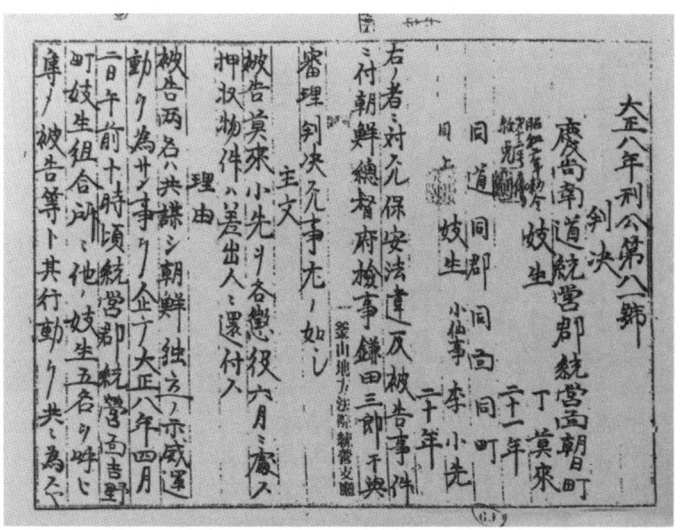

통영에서 기생들의 만세운동을 주도하여 검거된 정막래와 이소선의 판결문

통영 항구 전경

평양 기생학교의 수업

남문 밖으로 행진했고, 군중들이 시위 대열에 합류했다. 기생 시위대가 다시 동문으로 들어섰을 때 시위에 참여한 사람은 3천 명을 넘어섰다. 종로 거리로 들어선 기생들은 독립연설을 하고, 준비했던 격려문을 들고 나와 큰 소리로 읽어내려갔다. 기생들의 시위에 일제 헌병과 경찰은 체포와 탄압으로 응했다. 이 시위로 기생 해중월海中月, 이벽도李碧桃, 김월회金月姬, 문향희文香姬 등이 검거되었다. 이 중 김월희, 문월선은 징역 6개월, 이벽도, 문향희, 해중월은 징역 4개월의 언도를 받고 옥고를 치렀다. 시위를 주동했던 김월희와 문월선은 체포되어 취조받는 과정에서 이미 만세운동 전에도 해주도립자혜병원 간호부 김온순을 만나 독립운동 자금으로 50원씩을 헌금을 한 사실이 드러났다.

해주 기생들의 만세시위는 철저히 계획된 것이었다. 독립선언서를 구하지 못하자, 기생들은 스스로 격문을 지어 5,000여 장을 인쇄하고, 태극기를 만들어 대나무 깃대에 꽂아 시위를 준비했다. 그리고 옥양목 치마저고리를 입고 흰 머리띠로 치마를 졸라 맨 다음 머리에는 태극 수건을 쓴 채 큰 소리로 '대한독립만세'를 외치며 군중 앞에 나섰다. 미리 준비한 태극기와 격문을 들고 만세운동의 대열 속으로 거리낌 없이 뛰어들어 선봉장 역할을 했던 것이다.

통영 기생들의 만세시위는 이 지역 만세운동이 절정에 달했을 때인 4월 2일에 일어났다. 통영에서는 3월 9일 기독교인들이 독립선언서를 시내에 배포하고 시위에 나서면서 시작되었다. 3월 18일에는 통영 장터에서 기독교인, 학생, 하급 관공리까지 가세하여 시위가 전개되었다. 3월 28일에는 통영군 부도정 장터에서 1,000여 명의 군중들이 '조선독립만세'라 쓴 종이깃발을 들고 시위를 이어갔다. 이날의 만세시위는 포목상, 해물상, 재봉업자 등 중소상인과 자영업자가 사전에 모의하고 조직한 것이었다. 3월 31일에는 '경남독립회' 명의로 통영 면장에게 경고장이 발송되었는데, 지식인과 청년 학생들의 선전·선동 작업으로 통영 지역의 반일의식은 한층 고양되었다.

3월에 일어난 만세운동으로 고조된 분위기는 4월 2일 시위에서 절정에 달했다. 부도정 장터에서 수천여 명의 군중이 집결하면서 시작된 이날의 시위에는 시장 상인들까지 동조하여 일제히 철시했다. 통영기생조합 소속 기생들이 시위에 나선 것은 이날이었다. 기생 정막래丁莫來와 이소선李小先이 사전 계획을 세우고, 4월 2일 오전 10시경 기생조합의 다른 기생 5명과 함께 기생단을 조직했다. 정막래는 가지고 있던 금붙이를 팔아서 상복과 짚신을 구입해 그것을 다른 기생들에게 나누어준 뒤, 상복 차림으로 기생조합소를 출발했다. 그러고는 오후 3시경 통영면 부도정 장터에 이르러 시위 대열의 선두에 서서 수천 군중과 함께 조선독립만세를 고창했다. 결국 정막래와 이소선은 바로 검거되어 군중을 선동한 죄로 징역 6개월을 선고받았다.

기생들은 왜 만세운동을 했을까

조선 시대, 기생제도가 정비되다

기생의 기원을 찾다보면 신라 시대까지 거슬러 올라간다고 하지만, 실질적으로 기생제도가 정비된 것은 조선 시대였다. 백정, 무당, 승려 등과 더불어 천민 중 하나였던 기녀는 궁궐과 관청에 소속되었다. 이들은 궁중연향 및 각종 연회에서 가무를 담당한 여악女樂에서부터 지방 관아의 잡일이나 관리의 수청, 변방 군사를 위한 성적 봉사에 이르기까지 다양한 층위의 노동을 담당했다.

조선 왕조는 교방敎坊을 설치하여 기생들에게 각종 춤과 노래, 악기 연주 등의 기본 기예는 물론 행동거지, 시詩, 서화書畫 등을 가르쳤다. 상류층의 고관이나 유생들을 상대토록 하기 위해서였다. 이 때문에 기생들은 비록 신분은 천했으나 예술적 재능과 학문을 겸비한 다재다능한 존재였다. 예악정치를 구현하는 일원으로서 여악이라는 공적 영역에 복무하면서, 동시에 양반 남성들의 다양한 사적 연회에 동원되어 사대부의 풍류를 진작시키는 보조적 기능을 담당했던 것이다.

조선 시대 기생의 수는 대략 3만 명에 달했다. 기생들은 그 소

글을 쓰는 기생의 모습

속 관아가 서울에 있으면 경기京妓, 지방에 있으면 지방기地方妓라고 불렸다. 경기는 관동이나 삼남 지방에서 뽑혀 올라온 소위 선상기選上妓들이었다. 100명에서 300명 사이를 오가던 경기는 진찬, 진연 같은 궁중잔치에 동원됐다. 이들은 평소에는 내의원과 혜민서에 속해 있으면서 의술을 펴는 의녀, 즉 약방 기생, 공조나 상의원에서 왕과 왕비의 의복을 지어 바치는 침선비, 즉 상방尙房 기생으로 나뉘었다. 지방기는 기妓와 비婢로 구분되었는데, 이들에게는 감사, 수령, 방백들의 침석에 불려가는 수청기에서부터 물 긷고 불 때는 급수비까지 다양한 역할이 주어졌다. 미모와 재능이 뛰어난 지방기는 종종 궁중연회에 뽑혀 올라오기도 했다.

조선 시대 기생은 여악에 동원되는 외에 관료인 남성에 대한 성적 봉사의 의무가 있었지만, 이것은 오늘날 우리가 흔히 생각하는 성매매의 형태는 아니었다. 17세기 군관이던 박취문이 남긴 『부북일기赴北日記』를 통해 기생의 일상생활을 살펴보면, 기생들의 생활은 기생이라는 조건으로 인해 몇몇 행사에 동원되었다는 점을 제외하고는 남편을 둔 여느 가정집 아낙의 생활과 크게 다를 바 없었다. 다만 차이가 있었다면 그 관계가 한시적이었다는 점이다. 한 사람이 가고 나면 자신의 의지와는 관계없이 또 다른 사람을 모셔야 했다.

당시 기생들은 비록 양반 계층의 공공화된 성적 욕망의 분출구로서의 역할을 담당하기도 했지만, 기예와 시문에 능하다는 점에서 그 품위와 가치를 인정받아 선망의 대상이 되기도 했다. 1894년 조선을 방문한 영국 여성 이사벨라 버드 비숍I. B. Bishop이 조선의 풍토에 대해 기록한 『한국과 그 이웃나라들』에서 "기생은 어릴 때부터 다른 여성들이 하지 않는 여러 가지 악기를 연주하고, 창, 무용, 독서, 낭송, 작문, 취미활동 같은 기예를 훈련받는 이들"이라고 하면서 "예절이 우아하고 편안"한 존재라 설명하고 있는 것도 기생에 대한 사회적 인식의 일면을 보여준다.

관기의식으로 고종을 애도하다

1919년 1월 21일 고종이 사망하자 조선 민중들은 슬픔에 잠겼다. 덕수궁 내전은 물론 대한문 밖에서 수백 명이 엎드려 매일같이

대한문을 나서는 고종의 운구행렬

슬프게 울부짖었다. 이때 누구보다도 서럽게 슬픔을 토해냈던 이들이 바로 기생이었다. 기생들은 고종의 환후가 깊다는 소식에 활동을 멈추고 자청해서 근신했다. 가무음곡을 멈추고 근신하면서 요리점에 불려가도 조용히 있다가 돌아왔다. 1월 23일에는 경성 기생 500여 명이 상복을 입고 대한문 앞에서 땅에 무릎을 꿇고 앉아 오랜 시간 통곡했다. 곡을 하고 난 다음 이들은 자체적으로 가무음곡을 중지하고 요리점 출장도 하지 않기로 결정했다.

수원 기생들도 고종이 사망하자 가무를 일절 중단하고 근신했다. 1월 27일에는 성복成服에 참례하기 위해 소복을 입고 기차를 타고 서울로 올라가 대한문 앞에서 망곡했다. 전통적으로 기생들은 공식상 성복날부터 사흘 동안 가무를 할 수 없었다. 그리고 기생들은 비단옷 대신 세양목의 깃옷을 입고 흑각비녀나 나무비녀를 꽂고 곡을 했다. 이것은 단순히 국부를 잃은 백성으로서 의식을 치르는 것만이 아니라 왕궁에 속했던 궁인宮人의 후예로서의 예를 갖추어 의식을 치르는 행동이었다.

그러나 기생들의 3·1운동 참여는 궁인의 후예로서 조선 왕조에 대한 충성심의 발로에 따른 것으로만 해석할 수 없는 면이 있다. 개화기를 거치고 일제 강점이 본격화된 이후 기생들의 삶에 일어난 변화를 살펴보면, 이들이 일제에 가졌던 반감과 저항의식이 단순히 관념적인 것이 아니라 자신들이 처한 상황 속에서 형성된 현실적인 것임을 알 수 있다. 기생들의 만세시위 참여에는 그들 나름의 이유가 있었던 것이다.

일제가 기생을 통제하다

19세기 말 근대화의 일환으로 추진된 갑오개혁으로 신분제가 혁파되었다. 이에 따라 기생들은 신분 해방에 따른 자유를 획득할 수 있었다. 그러나 현실은 녹록하지 않았다. 이 땅을 지배하게 된 일제의 감시 아래 기생들이 관리의 대상이 되었고 기생들의 지위는 오히려 격하되어갔다. 1904년 일본인 쓰네야 모리노리恒屋盛服는 기생에 관한 글을 쓰면서 기녀를 '갈보'라 칭하며 부정적으로 평했다. 조선에 와서 내각보좌관을 지낸 제국주의 국가의 남성이 쓴 글임을 감안하더라도 기생에 대한 부정적인 시선은 낯설다. 갑오개혁 이후의 근대화와 식민 지배 과정에서 기생에 대한 인식이 어떻게 변화해갔는지를 엿볼 수 있다.

1894년부터 시작된 갑오개혁으로 신분제가 폐지되면서 관기 제도 또한 폐지되었다. 왕실의 권위가 약화되어 궁중 예악을 전담하던 장악원이 1897년에는 교방사로 개칭되었고, 1913년에는 이왕직아악부로 개편되면서 규모가 점점 축소되었다. 결국 왕실에서 예악을 담당했던 기생들은 궁중 밖으로 방출되었다. 일제 통감부의 간섭 아래에서 정부기구 개편에 따른 정비 및 왕실 재정의 악화로 여악이 필요한 행사와 의식이 점차 감소했던 것이다. 지방 각지에서 공식 연회를 담당했던 교방으로 흡수된 관기들은 장악원 관리 아래에 있던 관기의 관리 업무가 경시청으로 이관되면서 실질적으로 해체되었다.

신분제의 폐지와 함께 당시 기생들이 직면했던 크나큰 변화는 기생과 창기의 이분화였다. 이러한 분화는 일제가 1908년 공포한 「경시청령」 제5호의 '기생단속령'과 제6호 '창기단속령'으로 인해 더욱 가속화되었다. 이 법령들을 보면 일제는 가무음곡을 주로 하는 '기생'과 매음을 직업적으로 하는 '창기'를 구분했지만, 사실상 단속의 내용은 큰 차이가 없었다. 그 결과 기생은 창기와 비슷한 존재로 경찰의 통제하에 놓이게 되었다. '기생단속령'이 발표되자 기생들은 경시청에서 허가증을 받아야 영업을 할 수 있었고, 의무적으로 기생조합에 가입해야만 했다. 기생들은 창기와 명확히 구별

서울 다동기생조합 창립기념총회

짓기 위해 자신들만의 자치조합을 설립했다. 이에 따라 1909년 서울에서 한성창기조합이 맨 처음 조합으로 경시청의 인가를 받았다. 그 후 평양예기조합, 다동기생조합 등이 설립되었고, 1910년대에 들어서면서 점차 지방에서도 기생조합의 설립이 이어졌다. 『매일신보』 1913년 2월 6일자 기사에는 진주 기생들이 자신들을 창기와 구별하기 위해 기생조합을 만든 과정이 나타나 있다.

> 진주는 종래로 절대 가인이 많이 나는 곳으로, 지금도 수백여 명의 기생이 있어 연전부터 건강진단은 받으나 예기와 창기의 구분이 확실치 못하고 자연 객에 대하여 불경함이 많이 있더니, 금번 모 유지자가 사교상 적지 않게 응용되는 기생으로 오히려 객에 대하여 불쾌

함을 갖게 함이 심히 개석慨惜하여 소속 관청과 협의 후 갑종 기생 수명으로 더불어 자치적 조합을 설립 계획 중이라더라.

한편 1906년에는 창기들에 대한 성병검사를 실시했고, 이어서 1908년에는 「기생조합규약표준」을 통해 기생들도 매월 1회 경시청이 지정한 의사로부터 건강진단을 받도록 했다. 기생에 대한 건강진단은 창기에 비해서는 비교적 덜 강압적으로 이루어졌기 때문에 창기들 중에는 기생이 되겠다며 반발하는 자도 나타났다. 그 과정에서 기생이 창기와 대립하며 종종 폭력사태까지 일어나기도 했다. 1909년 진주에서는 기생과 이패二牌가 서로 몸싸움을 벌인 사건이 발생했다. 창기들이 기생이 되고자 했던 것은 '넌더리나는 검사'를 면하기 위한 것이었다. 하지만 기생들은 이러한 창기들의 노력을 자신들의 정체성에 흠집을 내는 것으로 받아들여, 이를 거부하면서 창기와의 구별 짓기에 공을 들였다.

이처럼 창기와의 차별성을 부각하는 한편, 기생들은 여학생을 모방했다. 기생들은 검은 치마를 입으며 여학생처럼 보이고자 했고 귀부인과 같은 외모로 자신의 신분을 감추고자 했다. 여학생과 귀부인을 모방하는 전략 속에는 기생에 대한 사회의 비판적인 시선에서 벗어나고 싶어하는 심리가 담겨 있었다.

그러나 일제는 1916년 「예기작부예기치옥영업취체규칙藝妓酌婦藝妓置屋營業取締規則」을 통해 예기의 검진, 건강진단서 제출을 명할 수 있다고 규정하여 의무화는 아니었지만 기생에 대한 성병검사 역시 강화했다. 『매일신보』 1918년 11월 19일자 기사에는 서울의 본정경찰서가 18일부터 관내의 기생들의 건강검진을 강제로 진행했다는 기사가 실려 있다. 이를 보면 1918년 무렵부터 기생에 대한 성병검사를 상당히 강도 높게 시행했던 듯하다. 다른 지역의 사정도 크게 다르지 않았을 것이다. 일제의 이러한 조치로 기생조합 소속 기생들은 창기와 마찬가지로 매월 한 번씩 경시청에서 지정한 의사에게 건강진단을 의무적으로 받아야 했으며, 성병에 걸린 자는 치료소에 수용되었다. 사실상 창기와 다를 바 없는 취급이었다. 이러한 강제적인 성병검사는 기생을 창기화하는 과정이자, 경찰의 통제하에 두기 위한 것이었다. 기예를 자랑하던 기생들은 정기적인 성병검사를 일종의 모욕으로 여겼다. 1918년 경상남도 김해에서 기생들이 헌병출장소에 출두해 "남에게 살을 내어 보이는 것은 비상한 치욕"이라며 성병검사 폐지를 청원했던 점을 이 사실을 보여준다. 기생들은 자신들의 처우에 대한 일제의 조치에 반감을 싹틔우고, 그것은 일제의 식민 지배에 대한 반감으로 확대되어갔다.

예인으로서의 정체성이 흔들리다

공창제의 도입 과정에서 기생이 점차 창기와 비슷한 취급을 당하며 경찰의 통제를 받기 시작하자 기생들의 사회적 위치 또한 불

안정해졌다. 궁중과 관에서 나온 기생들은 창기와의 차별성을 높이고 생존을 도모하기 위해 예인으로서의 역량을 발휘하며 공연에 술가로서 활동하기 시작했다. 1908년 무렵부터 기생조합이 자체적으로 기획하거나 상설극장 측이 기획한 '연주회'라 지칭되는 공연이 자주 열렸다. 1908년에는 전국적으로 3회였던 공연 횟수가 1914년에는 23회로 증가했다.

공연에 참여하면서 기생들은 예인으로서의 자기 정체성을 추구하며 사회 속에 안착하고자 했다. 그러나 일제가 도입한 공창제뿐 아니라 조선 사회 내부의 경멸적 시선 또한 기생들의 정체성에 흠집을 내고 있었다. 근대화의 물결 속에서 기생들은 봉건적인 잔재이자 사회악으로 비난받기 시작했다. 1897년 2월 16일자 『독립신문』에서는 기생을 무당과 점복과 같은 '악습'으로 비판했다. 당시 기생들은 남성을 유혹하여 돈을 빼앗고 신세를 망치게 하는 '악녀'로 여겨졌던 것이다. 1896년 7월 11일자 『독립신문』에 실린 다음 기사를 보자.

> 소위 기생이란 것은 관부에 매였거니와 그 외 음녀들이 각 처에 많이 있어 빈부를 물론하고 어리석은 사나이들을 유인하여 돈을 뺏으며 혹 돈을 지체하면 패류들을 결연하여 무수히 곤욕을 보이고 때려서 몸이 상한 지경에 이르며 또 무뢰지배들이 남의 계집아이들을 사다가 오입을 가르친다니 이런 일은 경무청에서 마땅히 엄금할 일이더라.

관기를 음녀와 더불어 남성을 유인하여 돈을 빼앗는 부정적인 존재로 보는 시선은 당시 유행하던 신소설에도 자주 나타난다. 1910년대에 발표된 신소설에서 기생은 대부분 부정적 이미지로 그려졌다. 예컨대 1913년에 출간된 「부벽루」에는 기생과의 놀음에 필요한 돈을 얻기 위해 색주가에게 아내를 팔아넘기는 비인간적인 남성이 등장한다. 신소설에 등장하는 기생들은 언제나 상대 남성과 물질적이거나 육체에 기반한 가변적인 애정관계를 형성하며, 기본적인 도덕성조차 지니지 못한 타락한 존재로 묘사되었다. 물론 신소설 중에는 「천연정」, 「목단화」, 「菊의 香」 등처럼 기생이 애욕과 탐욕에 눈이 먼 존재가 아닌, 절제와 지조를 지니고 마음에 둔 남성을 위해 희생하는 존재로 묘사된 경우도 있다. 그러나 이 경우에도 기생들이 원하는 도덕적이고 긍정적 삶의 형태는 언제나 그들이 기생이라는 자신의 신분을 벗어날 때 확보되었다.

요컨대 근대화와 식민화가 맞물린 사회 변화 속에서 기생들은 일제에 의해 창기와 같은 존재로 취급되기 시작하면서 각종 통제의 대상이 되었다. 그뿐 아니라 민족 내부에서는 사라져야 할 부정적 존재로까지 비난받기도 했는데, 이 때문에 정체성의 불안정성이 가중되었다. 기생들은 이에 대응하여 예능인으로서의 역할을 강화하면서 창기와 자신들을 구별 짓고 여학생의 겉모습을 모방하는 한편, 사회사업에 참여함으로써 자신들의 정체성을 인정받고자 했다.

민족의 일원으로 사회활동에 참여하다

기생들은 일찍부터 사회활동에 적극 참여했다. 다양한 자선행사를 개최하여 예술 공연을 펼쳐보임으로써 자신의 재능을 기부했고, 금전을 내놓는 일도 서슴치 않았다. 수천 석을 추수하는 상당한 재력이 있는 기생들도 있었기에 그 영향력은 무시할 수 없었다. 자선행사를 열어 고아원이나 유치원 유지 기금 및 학교설립 기금 등 교육 관련 경비를 보조하고, 기근이나 수재 등 천재지변으로 인한 구제활동에도 나섰다. 그 밖에 재만 동포를 위한 행사나 조선음악 장려·부흥을 위한 행사도 활발히 열었다. 상업적이지 않은 기생들의 자선공연은 적극적이고 자발적이었다. 오늘날의 재능기부와 같은 이러한 행위는 당시 기생들이 사회에 기여하고자 하는 의지의 표출이었다.

기생들은 1907년 국채보상운동에도 적극적으로 참여했다. 국채보상운동은 한말에 있었던 애국계몽운동의 하나이다. 일제로부터 빌린 차관을 금연과 금주를 통해 상환하여 재정적 자립을 이루자는 활동이었다. 1907년은 통감부의 통치 아래 민족과 국가가 망해가는 절망적인 시기였다. 국가 재정마저 파탄지경에 이른 것을 안 상인과 노동자, 군인, 관리, 학생, 승려 등 다양한 집단이 국채보상운동에 가세했다. 여성들의 참여도 두드러졌는데, 특히 기생들이 주도적이었다. 예컨대 평양의 여성 국채보상운동은 기생들이 시작하여 기생 18명이 신화 50전씩의 의연금을 기성회에 납부했

국채보상운동에 참가한 기생들

다. 기생들은 의연금 기부를 통해 민족의 일원으로서 역할을 다하고자 했다.

한편 기생들의 정치적 의사 표시 역시 일찍부터 나타났다. 기생들은 교육을 받았기 때문에 여학교 출신자와 더불어 자신의 의사를 적극적으로 표현할 수 있는 존재였다. 1900년 롱희라는 기생은 '시폐' 8가지를 중추원에 헌의했다가 퇴함을 당했던지 또 내부로 상서했다. 상서에서 그는 벼슬을 사고파는 일, 과거의 폐단, 유교정치의 폐단, 왕에 대한 충성심 등을 들어 정사의 올바름을 논했다. 그는 "이런 천한 여자로 감히 나라 정사를 말하오리까마는 옛적에 제영은 아비를 위하여 글을 올렸고, 조괄의 어미는 나랏일로 글을 올렸고, 또한 진시황의 거부에 탄식이 있사오니 어찌 여자라고 말할 만한데 말하지 아니하오리까?"라며 자신의 정치적 발언을 정당화했다. 기생이라는 신분이었지만 국정 전반에 대한 해박한 지식을 가지고 직접 상소를 올렸던 것이다. 국권을 상실한 이후 정치적인 활동이 어려워지자 기생들은 각종 연주회를 열거나 사회사업을 위한 기부 활동을 하며 사회활동을 이어나갔다.

이렇게 사회에서 일익을 담당하고자 하는 기생들의 노력은 일제의 창기화 시도 및 기생에 부정적인 계몽담론의 확산에 맞서기 위한 사회적 인정투쟁이었다. 일제는 점점 더 기생을 창기와 동급으로 취급하면서 여러 가지 제약을 가해나갔다. 이를테면 1906년 경무청에서는 기생을 삼패三牌나 은군자와 함께 '매음하는 계급'으로 지칭하며 가마 타는 것을 불허하고 인력거를 타도록 강제했다.

또 같은 해 기생에게만 허용하던 홍우산을 삼패도 쓸 수 있도록 허용했다. 이에 자존심이 상한 기생들은 홍우산에 기妓 자를 새겨 넣어 자신들이 삼패와는 다른 존재임을 드러내고자 하였다. 그러나 일제는 이마저도 금지했다. 또 1918년에는 부랑자가 꼬여 들어 폐해가 많다는 이유로 기생들의 연주회를 폐지하라는 명령이 내려졌다. 이로써 사회적 인정투쟁의 한 방편으로 기생들이 시도했던 자선활동이나 창기와의 구별 짓기는 모두 일제의 강압적인 명령으로 좌절되어갔다. 일제 경찰에 대한 기생들의 저항감이 나날이 증폭된 것은 이 같은 상황에서였다.

기생들에 대한 민족 내부의 비판도 거세졌다. 한말 이후 기생을 음란한 자로 치부하고 문명화된 국가의 국민에서 배제하려는 시선은 점점 강화되어갔다. 기생은 음란함의 화신으로서 결코 '국민의 어머니'가 될 수 없는 야만적 존재로 인식되었다. 1908년 경성에서 기생조합소를 설립한다는 소식이 전해지자 『황성신문』은 논설을 내어 "놀랍고 괴이하다 할 만하다, 탄식할 사회악"이라 평하였다. 기생이 일반의 풍속을 해치고 산업에 손해를 끼칠 것을 염려한 것이다. 기생을 향한 배제의 시선이 강하게 드러난다.

자신들에 대한 부정적 시선에 대응하여 기생들은 공익 활동과 사회운동에 적극 가담하여 비판적 시선으로부터 벗어나 사회적 존재로 인정받고자 했다. 흥미롭게도 기생들의 이러한 활동은 그들에 대해 부정적이었던 그간의 계몽언론이 시각을 달리하는 계기가 되기도 했다. 계몽언론은 기생들의 참여를 보도하며 남녀노소뿐만 아니라 귀천을 막론한 참여 열기를 고취하고자 했고, 이 과정에서 그동안 야만적인 타자로 취급받던 기생들은 잠시나마 국민의 일원으로서 인정받을 수 있었다. 기생들의 3·1운동은 일제의 통제에 대한 불만의 표출인 동시에 사회의 일원으로 인정받기 위한 주변인으로서의 투쟁이었다.

기생들, 그들의 위치에서 저항하다

군중의 시위 참여를 촉진하다

수원의 경우 기생들의 만세시위가 위생검사를 받으러 병원으로 가는 도중에 이루어졌다는 점은 상징적이다. 기생을 창기화하면서 강요된 성병검사에 대한 반발감은 기생들이 만세시위에 가담하도록 이끌었다. 그리고 그 시위에서 기생들은 '조선독립만세'를 외침으로써 시위에 가담한 다른 군중과 민족으로서의 일체감을 나누었다.

기생들이 3·1운동에서 한 역할은 무엇인가? 기생들은 단순히 시위에 가담한 군중의 일부에 불과했을까? 기생들의 시위 양상을 보면 그 역할은 단순한 시위 참여 이상이었다. 축제와 폭동이 결합된 시위 양상을 보였던 3·1운동에서 기생들은 시위에 참여하는 것을 넘어서 3·1운동의 카니발적 성격을 강화하는 한편, 군중의 참여와 연대를 촉발하는 역할을 했다. 안성에서 일어난 만세운동의 경우 이 점은 명확하다. 일제가 시위에 참가한 군중을 무력으로 진압하자 긴장감이 고조되며 잠깐의 소강상태가 유지되었는데, 그 소강 국면을 뚫고 기생들이 선두에 섬으로써 군중은 새로운 용기를 얻어 만세시위를 이어나갈 수 있었다. 이처럼 기생들이 선두에 서서 시위대를 이끄는 광경은 안성뿐 아니라 진주에서도 비슷하게 나타났다. "진주 기생의 한 떼가 구한국 국기를 휘두르고" 대열의 선두에 서서 행진하며 시위대를 불러 모으고 있었던 것이다.

청년들에게 독립사상을 불어넣다

시위를 촉발하는 자로서의 기생의 역할은 단순히 시위 참여에만 그치지 않았다. 다음은 3·1운동 당시의 치안 책임자였던 지바료우千葉了가 경성에서의 경험을 기록한 내용이다. 다른 지역의 상황 역시 크게 다르지 않으리라.

1919년 9월(3·1운동이 난 해) 우리들이 처음으로 부임했을 때의 경성의 화류계는 술이나 마시고 춤이나 추는 그런 놀아나기만 하는 눈치는 조금도 볼 수 없었다. 약 800명의 이 기생들은 화류계 여자라기보다 독립투사였다. 이 기생들의 빨간 입술에서는 불꽃이 튀기고 놀러오는 조선 청년들의 가슴 속에 독립사상을 불러일으켰다. 화류계에 출입하는 조선 청년치고 불온한 사상을 가지지 않은 자 없게 되고 서울 시내 백여 군데 요정들은 어느덧 불온한 이들의 음모를 위한 소굴로 화했다. 간혹 일본인들이 기생집에 놀러가는 일이 있어도 그 태도는 냉랭하기가 얼음 같고 이야기도 않거니와 웃지도 않는다.

더구나 노래와 춤을 청해도 받아주지도 않는다. 잔을 내밀면 묵묵히 술을 따를 뿐, 때가 되면 묵묵히 사라지고 만다. 그 분위기야말로 유령들이 저승에서 술을 마시는 기분이다. 독립만세 후의 경성 장안 화류계는 이처럼 불온하고 험악한 공기로 더욱 조성되었다. 총독부가 아무리 좋은 정치를 하고 군대와 경찰이 아무리 호령을 해도 사회의 이면에 이와 같은 불온한 소굴이 남아 있는 한 조선 사회의 치안 유지는 성절成切될 듯 싶지가 않다.

지바의 술회에서도 알 수 있듯이, 기생들은 독립운동가들로부터 사상을 전수받는 피동적 역할만이 아니라 조선 청년들에게 독립사상을 주입하는 능동적 역할까지도 했다. 이와 비슷한 정황은 당시의 신문 보도를 통해서도 엿볼 수 있다.

엄령 때문에 근래 불온한 사람들의 선동으로 인하여 경성에 있는 네 기생조합 기생들이 주석에서 흔히 불온한 사상을 선전하는 일이 있음으로 종로경찰서에서는 지난번에 기생을 모두 불러다가 그러한 일이 없도록 간절히 설유하고 만약 이후에 그런 일이 있으면 추호도 용서하지 아니하고 처벌할 뿐 아니라 생업까지 금지한다고 엄중히 명령을 하였더니 기생들은 곧 그렇게 하기로 두려워하며 대답했다. 이것을 알고 였는지 모르고 였는지 그 이튿날 대한청년자결단은 동애국부인단의 이름으로 기생에게 대하여 불온 문서 수백 매를 등사판으로 박아서 한남·대정·신창·한성 네 권번에 보낸 자가 있었으니 모두 경관의 탐지한 바 되어 불온 문서는 전부 압수되었다더라.

독립사상을 품은 남성들과의 빈번한 교유 속에서 기생들은 조선 청년에게 독립사상을 전달하는 적극적인 역할을 담당하고 있었던 것이다.

한편 3·1운동에서 기생들이 주도적 역할을 할 수 있었던 데에는 기생들의 일본어 구사 능력도 한몫했다. 물론 모든 기생들이 일본어에 능통했던 것은 아니다. 하지만 일반인에 비해 일본어를 사용해야 하는 상황에 더 자주 노출되었기에 기생들 중에는 일본어 능통자가 드물지 않았다. 예컨대 1910년대 후반에는 일본인의 연회에도 불려 다니기 시작했는데, 기생들이 일본어를 모르고 일본 노래를 모르는 까닭에 연회를 제대로 즐기지 못하자, 평양경찰서에서는 일본인 교사 한 사람을 두고 평양 기생 전부에게 일본어와 샤미센, 일본 가곡 등을 가르치게 했다. 이러한 상황이 닥치자 기생들은 빠르게 일본어와 일본 노래를 습득해갔던 듯하다. "우리 여자들은 공부에 대단 열심들이지요. 지금 불과 한 달이 못 되었으나 연석에 나가면 제법 일본 기생 노릇을 하는 것이오, 이제 일 년만 지나면 모두 훌륭하게 됩니다"라는 어느 기생의 설명은 이를 보여준다. 일본어를 익힌 기생들은 3·1운동의 정황을 빠르게 이해하고 염탐꾼으로서의 역할까지 수행할 수 있었던 것이다.

3·1운동 이후 사회 활동을 지속하다

 민족이라는 집단적 주체와의 동일시 경험은 기생들의 가슴과 뇌리에 깊은 흔적을 남겼다. 3·1운동 이후 빈번하게 나타난 기생들의 진정활동과 동맹파업 등에서 그 단초를 볼 수 있다. 1925년 2월 수원예기조합 기생 18명은 영업을 정지하고 경찰서에 진정을 했다. 매주 토요일마다 정기적인 검사를 행하는 것이 부당하다고 역설하며, 기생들의 자존심을 건드린 모욕적인 검사의 철폐를 주장했다. 1927년 충남 논산의 기생들은 요리점 주인들의 폭리와 폭언에 맞서서 동맹휴업을 단행했다. 포주 등에 대한 기생들의 반발은 1910년대에도 존재했지만, 1920년대에는 개별적인 행동을 넘어서서 집단적인 행동으로 표출되었다. 이러한 활동을 통해 자신들의 삶의 조건을 변화시키고자 했다. 1927년의 기생 잡지 『장한』의 발간 또한 사회적 존재로서 자신의 존재를 인정받고자 했던 기생들의 의식이 발현된 결과로 보인다.

 3·1운동 이후 진주의 기생들은 논개의 사당을 중수하기 위해 적극적인 활동을 했다. 논개는 임진왜란 당시 2차 진주성 전투에서 왜장 게야무라 로쿠스케毛谷村六助를 유인하여 끌어안고 남강에 몸을 던져 적장과 함께 자결한 대표적 의기였다. 1739년에 경상우병사 남덕하가 논개의 애국충정을 추모하며 사당인 의기사를 촉석루 옆에 세웠다. 그리고 1868년 진주목사의 노력으로 매년 6월 논개를 기리는 의암별제義巖別祭가 마련되었으나 식민화 이후 중단

평양기생학교의 일본어교육

되었고, 사당 또한 방치되어 무너질 지경이었다. 진주의 기생 박금도, 문수향, 이명월 등은 적극 나서서 돈을 모아 사당을 직접 수리하고자 했다. 일제의 통치하에서 임진왜란 당시의 왜의 적장을 죽이기 위해 자신을 희생했던 논개의 사당을 중수한다는 것은 결코 쉬운 일이 아니었다. 그럼에도 불구하고 진주 기생들은 적장을 안고 남강에 투신한 논개를 기리면서 자신들의 정체성을 드러내고자 했다.

1920년대 후반부터 기생들은 더욱 다양한 방식으로 활동했다. 과거 전통무용과 음악만을 전수하던 기생은 음악기생, 무용기생, 문학기생, 극단여배우, 대중가수 등으로 나뉘었다. 사진엽서와 각종 미용제품 신문 광고의 주인공으로 등장하며 유행의 선도자이자 대중예술의 담당자로 적극적으로 변신해갔다. 그러나 해방 후 기생들의 활동은 침체되기 시작했다. 미군정 시기에 일제 잔재인 공창제가 폐지되면서 기생 역시 청산의 대상이 되었기 때문이다.

 김향화가 지속적으로 사회적인 목소리를 냈다면 어떠했을까? 기생 출신이지만 사회운동, 독립운동에 헌신했던 정칠성丁七星처럼 김향화도 자신의 사상을 진화시키면서 독립운동의 역사에 한 줄의 기록을 더했을지 모른다. 그러나 김향화는 3·1운동 이후 대중의 기억 속에서 잊히고 말았다. 2009년 4월 국가보훈처로부터 대통령표창이 수여되고 독립유공자로 인정받기까지 김향화는 역사의 뒤편에 깊이 파묻혀 있었다. 왜 3·1운동에 적극적으로 참여했던 김향화와 그의 기생 동료들의 삶은 적극적 기억과 기념의 대상이 되지 못하고 오랫동안 방치되었을까. 혹시 후세 사람들의 무의식의 저편에도 기생에 대한 차별의식이 자리 잡고 있었던 것은 아닌지 좀 더 곱씹어 볼 일이다.

참고문헌

『每日申報』,『皇城新聞』,『大韓每日申報』,『동아일보』.
가와모토 미나토,『(말하는 꽃) 기생』, 소담, 2003.
강정숙,「대한제국・일제초기 서울의 매춘업과 공창(公娼)제도의 도입」,『서울학연구』 11, 1998.
강정숙,「대한제국・일제초기 서울의 매춘업과 공창제도의 도입」,『서울학 연구』 11, 1998.
경기도사편찬위원회,『경기도 항일독립운동사』, 경기도사편찬위원회, 1995.
高浜虛子,「朝鮮」,『施政五年紀念朝鮮物産共進會報告書』, 朝鮮總督府, 1916.3.
국가기록원 편,『여성독립운동사 자료총서 I (3·1운동편)』, 행정자치부 국가기록원, 2016.
권도희,「근대 기생, 미정의 소수자」,『한국사연구』 164, 2014.
권행가,「일제시대 우편엽서에 나타난 기생 이미지」,『미술사 논단』 12, 2001.
『(極秘) 韓國獨立運動史料叢書(1~12), 3·1運動編』, 한국출판문화원, 1989.
「妓生及娼妓ニ關スル書類綴」,『서울학 사료총서 7—총무처 정부기록보존소 편 I』, 서울시립대학교 서울학연구소, 1995.
김상기,「한말 국채보상운동의 전개와 이념」,『충청문화연구』 10, 2013.
김영희,「개화기 대중예술의 꽃, 기생」, 민속원, 2006.
『獨立運動 關聯 判決文 資料集(3·1운동)』, 국가기록원 기록편찬문화과, 2014.
독립운동사편찬위원회 편,『獨立運動史資料集』, 독립유공자 사업기금운용위원회, 1972.
박애경,「기생을 바라보는 근대의 시선—근대 초기 신문 매체에 나타난 기생 관련 기사를 중심으로—」,『한국고전여성문학연구』 24, 2012.
박용옥,「경기도 여성의 항일민족운동」,『한국여성항일운동사연구』, 지식산업사, 1996.
산하영애,「한국근대공창제도 실시에 관한 연구」, 이화여대 석사학위논문, 1991.
『3·1運動 50周年記念 3·1運動 主要資料集』.
서지영,「식민지 근대 유흥 풍속과 여성 섹슈얼리티: 기생・여급을 중심으로」,『사회와 역사』 65, 2004.

서지영, 「식민지 시대 기생 연구(Ⅱ)-'기생조합'의 성격을 중심으로-」, 『한국고전여성문학연구』 10, 2005.

서지영, 「식민지시대 기생연구(Ⅰ)-기생집단의 근대적 재편 양상을 중심으로」, 『정신문화연구』 28-2, 2005.

손종흠·박경우·유춘동 편, 『근대 기생의 문화와 예술: 자료편』 1·2, 보고사, 2009.

송연옥, 「대한제국기의 〈기생단속령〉, 〈창기단속령〉-일제의 식민화와 공창제 도입의 준비과정-」, 『한국사론』 40, 1990.

신현규, 『기생 이야기, 일제 강점기의 대중스타』, 살림, 2007.

신현규, 『일제시대의 대중스타 Ⅰ』, 살림, 2007.

안국선, 「공진회」 수문서관, 1915(김연숙 엮음, 『안국선 작품집』, 지식을 만드는 지식, 2008).

우인수, 「조선후기 북변지역 기생의 생활양태」, 『역사와 경계』 48, 2003.

윤정란, 「3·1운동과 기독교 여성」, 『(한국민족운동사학회 주관 3·1운동 100주년 기념 학술대회 자료집) 3·1운동과 여성』, 수원박물관, 2019.

이경민, 『기생은 어떻게 만들어졌는가』 사진아카이브 연구소, 2002·2005.

이난향, 『남기고 싶은 이야기들』, 중앙일보·동양방송, 1977.

이능화, 『朝鮮解語花史』, 1927(이재곤 옮김, 『조선해어화사』, 동문선, 1992).

이능화, 『조선해어화사』, 동문선, 1992.

이동근, 「1910년대 '기생'의 존재양상과 3·1운동」, 『한국민족운동사연구』 74, 2013.

이동근, 「3·1운동과 기생」, 『한국민족운동사학회 주관 3·1운동 100주년 기념 학술대회 자료집) 3·1운동과 여성』, 수원박물관, 2019.

이동근, 「의기 수원기생들의 3·1운동」, 『수원지역 여성과 3·1운동』, 경기도, 2008.

이마무라 도모 지음, 홍양희 옮김, 『조선 풍속집』, 민속원, 2011.

이병헌, 『3·1운동 祕史』, 시사시보사출판국, 1959.

이자벨라 버드 비숍 지음, 이인화 옮김, 『한국과 그 이웃나라들』, 살림, 1994.

이지원, 「경기도 지방의 3·1운동」, 『3·1민족해방운동연구』, 청년사, 1989.

장유정, 「20세기 초 기생제도 연구」, 『한국고전여성문학연구』 8, 2004.

정요섭, 「한국여성의 민족운동에 관한 연구: 3·1운동을 중심으로」, 『아세아여성연구』 10, 숙명여자대학교 출판부, 1971.

정혜영, 「근대의 성립과 기생의 몰락」, 『한중인문학연구』 20, 2007.

조경달 지음, 허영란 옮김, 『민중과 유토피아-한국근대민중운동사』, 역사비평사, 2009.

朝鮮研究會, 『朝鮮美人寶鑑』, 1918.

朝鮮總督府 刊, 『朝鮮獨立運動に關する調査報告書』, 고려서림(영인본), 1986.

朝鮮總督府庶務部, 『朝鮮の獨立思想及運動』, 1924.

千葉了, 『朝鮮獨立運動秘話』, 帝國地方行政學會, 1925.

최은희, 『여성을 넘어 아낙의 너울을 벗고』, 문이재, 2003.

최정아, 「이태준 문학에 나타난 '기생'의 의미와 재현 양상」, 『현대소설연구』 53, 2013.

恒屋盛服, 『朝鮮開化史』, 博文館, 1904.

『韓民族獨立運動史資料集』, 국사편찬위원회, 1995.

허영란, 「3·1운동의 지역성과 집단적 주체의 형성-경기도 안성의 사례를 중심으로」, 『역사와 경계』 72, 2009.

황희정, 「개화기 기생조합의 공연활동에 나타난 근대성 연구」, 『우리춤과 과학기술』 7, 2008.

사회인·직업인으로서
박자혜의 삶과 민족운동

박자혜

예지숙

간호부와 산파,
민족운동에 참여하다

많은 여성들이 3·1운동에 참여했고, 이후 사회운동과 민족운동에서 눈에 띄게 활동한 것은 널리 알려진 사실이다. 일제강점기에 활발히 사회활동을 전개한 여성들의 대다수는 근대교육의 수혜자로 주로 여학생, 교사, 전도부인 등이었으며 간호부 또는 산파産婆도 있었다. 당시 간호부는 오늘날의 '간호사'를 가리키는 말이었으며, 오늘날의 조산사를 이르는 말을 산파 또는 조산부를 동시에 사용했다.

이 글에서는 사회인이자 직업인으로서 민족운동에 참여한 독립운동가 박자혜朴慈惠의 삶을 조명해보고자 한다. 더불어 박자혜처럼 간호사 또는 산파로 일하며 사회운동과 민족운동에 참여한 또 다른 여성들에 대해서도 이야기할 것이다.

박자혜는 신채호의 부인으로 주목을 받았으나 그것 외에는 알려진 바가 별로 없다. 하지만 박자혜를 누군가의 부인으로만 한정하기에는 아쉬운 부분이 있다. 어린 나이에 궁녀로 사회생활을 시작한 박자혜는 궁에서 나온 이후 숙명여자고등보통학교에서 근대교육을 받았으며, 곧이어 조선총독부의원에서 교육을 받고 간호사가 되었다. 그는 당대에는 흔치 않은 전문직 여성이었다. 직업여성으로서의 경력을 이어가던 박자혜의 삶은 3·1운동이 일어나자 완전히 다른 방향으로 펼쳐졌다. 그는 간호부들을 조직해서 만세운동에 참여했고, 중국으로 건너가 신채호와 결혼한 후에는 산파업을 하면서 신채호가 독립운동에 전념할 수 있도록 버팀목이 되었다.

일제강점기에 간호사와 산파의 직업적 위상은 남달랐다. 여성이 가질 수 있는 몇 안 되는 전문적이며 안정적인 직업이었다. 이들은 병원에 취직할 수 있었으며, 산파의 경우에는 개업을 해서 자영업을 할 수도 있었다. 그뿐 아니라 간호사와 산파는 보건위생 측면에서도 사회적 의의를 지닌 직업이었다. 박자혜 외에도 직업인으로서의 전문성을 살려 민족운동에 참여한 간호사나 산파가 여럿 있었다. 이제부터 박자혜를 비롯해 민족운동에 헌신한 간호사 또는 산파의 세계를 살펴봄으로써 일제강점기 직업인으로서의 여성들의 사회활동과 민족운동의 일면을 들여다보자.

궁녀가 되다

궁에서 유년 시절을 보내다

박자혜는 1895년 12월 11일 경기도에서 출생했다. 실제로는 1893년에 태어났지만 호적에는 1895년생으로 등재되었다는 주장도 있다. 본관은 밀양이며, 아버지는 중인 출신의 박원순朴元順이다.

박자혜는 어린 시절에 아기나인으로 궁에 들어갔다. 4세 정도에 입궁하는 궁녀도 있었지만, 이는 특이한 경우였다고 한다. 정확히는 알 수 없지만 박자혜의 입궁 연도는 대략 1900년 이후로 추정된다. 1910년에 출궁을 했으므로 약 10년간 궁에서 생활했던 것 같다. 궁에 들어갔다고 해서 곧바로 궁녀로 일을 하는 것은 아니었고 견습 나인으로 지내다가 18~19세가 되면 관례를 치른 후 궁녀가 되었다. 박자혜는 견습 나인으로 궁궐에서 생활하며 10대를 보냈을 것이다.

궁녀들은 왕과 왕족들이 일상적인 활동을 하는 데 필수적인 역할을 했다. 왕족들은 먹는 것과 입는 것 모두 스스로 해결할 수 없는 사람들이었다. 스스로 해결하면 체면이 깎인다고 생각하기도

했다. 그래서 의식주를 포함한 궁의 일상뿐만 아니라 궁에서 벌어지는 거의 모든 것들은 궁녀들의 손을 거쳐야 했다. 그러한 의미에서 궁궐은 궁녀들의 세계이자 여성들의 세계였을지도 모른다.

'궁궐의 꽃'이라도 불리며 야사적 관심을 받기도 하지만, 궁녀들은 명실 공적인 존재였다. 궁녀들은 내명부 소속이었는데, 내명부는 궁에서 생활하는 여성들에게 위계질서를 부여하고 이를 통해서 수백 명의 사람들을 관리했다. 내명부의 정1품에서 종4품까지는 왕의 후궁이었고, 정5품에서 종9품까지 궁인이었다. 궁인은 일반적으로 궁녀라고 했는데, 궁인 가운데 가장 상급의 상궁과 그 아래 직급을 통칭하는 것이다.

궁녀

궁녀들이 하는 일은 크게 일곱 개의 영역으로 구분되었다. 왕비의 측근에서 공적 활동과 명령 하달, 문서출납을 담당하는 비서 영역, 왕비의 의전과 일상을 돕는 영역, 왕비의 복식에 관한 시중을 맡는 복식 영역, 음식상이나 약제를 지어 바치는 영역, 왕비 측근에서 손님 접대와 그에 필요한 환경을 만드는 일을 맡은 접대 영역, 직물과 의복 생산을 관리하는 직조 영역, 왕비의 명령을 세우고 이를 어긴 궁녀들을 적발해 질서를 유지하는 일을 맡은 사법 영역 등으로 나뉘어 각자의 영역에서 업무를 수행했다.

궁녀들은 출신 배경에 따라 왕(왕과 왕비)을 보필하는 지밀, 궁중에서 필요한 각종 의복을 제조하는 침방, 자수를 놓는 수방에 소속되거나 요리와 빨래를 주 업무로 하는 생과방이나 소주방, 세수간, 세답방 등에 배치되었다. 중인 출신의 궁녀들은 지밀, 침방, 수방에 배치되었고, 중인보다 신분이 낮은 궁녀들은 그 외의 일을 했다. 지밀에 배치되면 기거동작, 궁중용어를 익히고, 『소학』, 『열녀전』, 『내훈』 등을 읽고 한글도 익혔다. 침방이나 수방에 배치된 경우에도 『소학』과 한글을 공부했다. 따라서 중인 출신의 박자혜는 지밀, 침방, 수방 가운데 어느 한 군데에 배치되었을 것이며 문자 교육을 받았을 것으로 추측할 수 있다.

출궁으로 새 기회를 맞다

박자혜의 궁 생활은 1910년에 끝났다. 보호국으로 간신히 명맥을 유지하고 있던 대한제국이 일제에 강제병합되면서 그의 삶도 변화했다. 대한제국의 황실이 그 유지를 유지할 수 없게 되었기 때문이다. 1910년 12월 30일 일제는 「황실령」 34호를 통해 「이왕직관제」를 발표했다. 황제인 순종은 이왕李王으로, 고종은 이태왕李太王으로 격하되었고, 황태자는 왕세자로 바뀌면서 대한제국의 황실은 일본 천왕의 책봉을 받는 '조선왕실' 또는 '이왕가'로 격하되었다. 이것은 과거 중국의 역대 왕조가 황제국으로(서) 제후국을 책봉하던 방식을 답습한 것이었다. 또 황실 업무를 담당하던 궁내부 대신 조선왕실의 업무를 담당하는 기구로 1910년 12월에 이왕직이 설치되었다. 궁내부가 없어지면서 666명이 해고되었다. 이때 실직자들에게는 퇴직금 조의 위로금이 지급되었다. 이러한 변화 속에서 박자혜는 궁녀의 신분에서 벗어나게 되었다.

박자혜는 궁에서 교육을 받아 여러 가지 지식을 쌓았을 뿐 아니라 유교적 예절에도 익숙했을 것이다. 대부분의 여성들이 문맹이었던 당시에 박자혜는 한글과 기초적인 한문을 두루 깨친 여성으로 성장했다.

근대교육을 받다

여성교육을 위한 명신여학교가 설립되다

박자혜는 평소에 따르던 상궁 조하서를 따라서 출궁한 뒤, 숙명여자고등보통학교(숙명여고보)에 입학했다. 숙명여고보는 1906년에 설립된 근대적인 여성교육기관으로, 설립 당시의 이름은 명신여학교였다.

알려졌듯이 한국의 근대 여성교육을 시작한 이들은 외국에서 온 선교사들이었다. 1886년 미국에서 온 선교사 스크랜턴Mary Fletcher Scranton이 이화학당을 설립했으며, 엘러스Miss, Annie Ellers는 정신여학교(1887)를, 캠벨Josephine P. Campbell은 배화여학교(1898)를, 멘지스Miss belle Menzies는 일신여학교(1895)를, 와그너E. Wagner와 캐럴A. Carrol은 호수돈여학교(1899)를 차례로 설립했다.

서구 문명과 선교사들의 여성교육에 자극을 받은 개화 지식인들도 여성교육을 주장하기 시작했다. 지식인들은 여성들이 현명한 어머니로서 아이의 교육자가 되어야 한다고 하면서 여성들에게도 교육을 시켜야 한다고 힘주어 말했다. 1896년 5월 12일자 『독립신문』에는 다음과 같은 기사가 실려 있다.

숙명여학교 제1회 졸업식(1910)

그 아내가 남편만큼 학문이 있고 지식이 있으면 … 그 자식 기르는 법과 가르치는 방식을 알 터이니 그 자식들이 충실할 터이요, 학교에 가기 전에 어미의 손에 교육을 많이 받을 터이라.

여성들 또한 근대교육을 요구하기 시작했다. 1898년 서울 북촌의 양반 여성들은 '찬양회'라는 단체를 만들어 활동했다. '찬양회'의 정식 명칭은 '여학교설치찬양회'로, 여학교 설치를 후원하기 위해 만든 단체였다. 그들은 "여성들이 사지와 육체가 남자와 다르지 않은데, 집안에서 세상 형편을 알지 못하고 평생을 죽은 사람처럼 살아가고 있다"고 비판하면서 양성 간 동등한 권리를 주장했다.

1905년 을사늑약 이후 국권 침탈의 위기 속에서 여성교육론도 지속되었다. 지식인들은 "빨리 악습을 고치고 문명의 공기를 마셔서 여자를 교육해야 한다. 여자교육에 특별히 힘쓰지 않으면 제 몸은 물론 집안과 나라에 화가 미칠 것"이라고 강조했다.

대한제국 황실은 이러한 사회적 요구에 화답했다. 여성교육에 뜻을 둔 엄귀비는 진명여학교, 명신여학교 등의 설립을 후원했다. 명신여학교는 1906년 5월에 영친왕궁으로부터 받은 토지 1,000여 평을 설립 자금으로 삼았다. 이 학교 설립에는 엄귀비와 1884년 갑신정변 때 사망한 예조판서 조영하趙寧夏의 부인 이정숙, 일본의 여성교육운동가로 한국에 건너온 후치자와 노에淵澤能惠가 참여했다. 또 한일 부인 간 교류를 목적으로 만들어진 '한일부인회'라는 단체도 깊이 관여했다. 한일부인회의 회장은 이정숙이었고, 총무는 후치자와였다. 이 단체는 조선을 식민지화하려는 작업의 하나로 설치된 여성단체로 평가된다. 명신여학교는 양반층의 여성을 위한 교육기관이었으므로 귀족여학교, 화족여학교라고도 불렸다. 개교 당시 학생 모집 광고는 다음과 같다.

> 여학교 모집 규칙은 일본 화족여학교를 모방하여 설립하는데 여자 8세 이상으로 15세 이하를 모집한다더라.
>
> -『제국신문』, 1906년 4월 25일자

명신여학교 교장에 이정숙, 학감 겸 주임교사에 후치자와가 임명되었으며, 현모양처 양성을 교육의 이상으로 삼았다. 당시에 현

찬양회 관련 기사
(『제국신문』, 1898년 10월 12일자)

모양처 양성은 명신여학교만의 특별한 목표가 아니었다. 대부분의 여학교들은 근대교육으로 무장한 채 현명하고 건강한 어머니 양성을 목표로 삼았다. 나라와 민족을 위해서 인구의 반을 차지하는 여성이 계몽되어야 한다거나 건전한 2세 양성을 위해 여성을 교육해야 한다는 주장이 압도적이었다.

명신여학교는 1908년 「고등여학교령」에 따라 사립명신여학교로, 1909년에는 숙명고등여학교로, 1911년에는 조선총독부의 「조선교육령」에 따라 숙명여자고등보통학교로 이름을 바꾸었다. 명신여학교는 황실의 지원을 받아 설립된 학교였기 때문에 궁녀 위탁 교육도 맡았다.

숙명여고보 기예과에 입학하다

1910년 경술국치 이후에 출궁한 박자혜는 숙명여고보 기예과에 진학했다. 그가 숙명여고보에 입학하게 된 것은 궁인이었던 경력과 관련이 깊다. 당시 숙명여고보에서는 궁녀에 대한 위탁 교육을 하고 있었다. 사회 전반에 근대적인 제도가 도입되면서 궁녀에게도 근대교육이 필요하게 되었기 때문이다. 궁녀에게 근대적인 교육을 실시하게 된 직접적인 계기는 1907년 황태자 이은李垠의 일본 유학이었다.

1907년 '헤이그특사사건'을 빌미로 일제는 고종황제를 강제로 황위에서 물러나도록 했다. 고종은 한국 황제의 뜻에 반해 일본의 강압으로 을사조약이 이루어졌다는 것을 헤이그에서 열리는 만국평화회의에서 알리고 그 조약을 파기하려 했던 것이다.

고종의 뒤를 이어 황제가 된 순종에게는 뒤를 이을 자식, 즉 후사가 없었기 때문에 엄귀비의 소생인 이은이 황태자가 되었다. 그는 통감 이토 히로부미伊藤博文에 의해 유학이라는 명목으로 일본으로 건너가게 되었다. 황태자 이은이 일본에 가게 되자 근대적인 교육을 받은 궁녀가 필요하게 되었고, 이에 덕수궁과 경복궁의 궁녀 16명이 명신여학교에서 교육을 받았다.

상궁 조하서와의 인연도 박자혜가 숙명여고보에 들어가는 데 영향을 주었다. 박자혜가 숙명여고보를 다닐 당시의 주소는 '북부 북장동 26-8번지'였는데, 보증인 조하서와 같은 주소였다. 두 사람은 주소를 공유할 정도로 긴밀한 관계였던 것 같다. 박자혜에게 여러 가지 영향을 주었던 조하서는 4세에 궁녀가 된 인물이다. 조하서는 어려서 부모를 잃고 고모의 주선으로 입궁한 뒤, 7세부터 경복궁 효정왕후 홍씨전에 있었다고 한다. 그는 1907년부터 엄귀비의 명으로 경복궁의 궁녀 7명과 함께 명신여학교에서 위탁 교육을 받기 시작해 1911년 4월에 김태숙, 안덕길 등과 함께 본과 2회로 졸업했다.

박자혜도 조하서와 마찬가지로 숙명여고보에 입학했지만, 조하서가 본과를 졸업한 것과 달리 박자혜는 기예과에 입학해 3년 과정을 마치고 1914년에 2회로 졸업했다. 기예과는 1908년 「고등여학교령」에 따라 설치되었는데, 수신·일본어·습자·조선어와 한문·산술·가사·재봉·양재·자수·조화·편물·도화 등의 과목을 가르쳤다.

숙명여고보의 실질적인 운영은 후치자와 노에가 맡았으므로 전반적으로 일본어를 사용하는 비중이 높았다. 일본인 교사가 한국어에 관련된 과목을 제외한 나머지 교과수업을 가르쳤고, 수업에서 사용하는 말도 일본어였다. 그리고 본과와 기예과 모두 수예와 재봉을 가르쳤는데, 가사과목의 비중이 다른 학교보다 높은 편이었다.

간호사 겸 산파가 되다

간호사와 산파 양성 교육이 실시되다

일제강점기에는 여성교육에 대한 인식 및 여성교육기관이 부족했다. 따라서 근대교육의 기회를 누릴 수 있는 여성의 수도 매우 적었다. 여성들이 지금의 초등학교인 보통학교에 취학하는 비율은 매우 낮았고, 상급학교인 중등학교(여고보)의 취학률은 일제강점기 내내 1%를 넘지 못했다. 당시 여자고등보통학교를 졸업한 여성은 엘리트라고 할 수 있었다. 그렇지만 여학교를 졸업했다고 해서 누구나 안정적인 직업을 가질 수 있는 것은 아니었다. 여성교육의 목표가 현모양처 양성이었던 만큼 졸업 후에는 결혼을 하는 것이 일반적이었다. 따라서 여성이 여학교를 졸업한 후에 직업을 갖는 일은 드물었다. 여성들이 가질 수 있는 가장 번듯한 직업은 교사였지만, 여학교의 수가 적었기 때문에 교사가 되는 것은 하늘의 별 따기였다. 여성들에게 학교교육은 학력을 쌓아 높은 사회적 지위에 도달할 수 있는 수단이 되지 못했고, 시간이 지나면서 소위 괜찮은 남편을 만나기 위해 부잣집 딸들이 쌓는 '스펙Specification'으로 활용되기도 했다.

제중원 간호원

 이러한 사회적 상황 속에서 1914년 숙명여고보 기예과를 졸업한 박자혜는 1915년 조선총독부의원 부속의학강습소 간호부과에 들어갔다. 그가 여기에 들어간 것은 경제적 자립을 위해서였다. 박자혜는 부속의학강습소에 들어가 간호사와 산파가 되는 길을 택했다. 당시 관련 법령은 「산파규칙」이었지만, 산파를 조산부라고도 했다.

 박자혜가 간호사라는 전문직 여성으로 성장하는 데에는 근대 의료제도의 실시가 바탕이 되었다. 최초의 근대적 의료기관은 1885년에 선교사 알렌Horace Newton Allen이 건의하여 왕명으로 설립된 제중원이다. 제중원 설립 후 전국 각지에 초보적이나마 병실과 전문적인 진료과를 갖춘 병원이 설치되었다.

1907년에는 대한의원이 개원했다. 대한의원은 대한제국 황제의 칙령에 따라 설립되었지만, 실제 설립 과정에는 러일전쟁 이후 내정간섭을 본격화한 일본의 영향력이 크게 작용했다. 일본은 대한제국 행정에 간섭할 목적으로 통감 주재하에 '한국 시정개선에 관한 협의회'를 수시로 개최했는데, 여기에서 종합의료기관 설립에 관한 논의가 이루어졌다. 대한의원은 진료뿐 아니라 의학교육을 담당하는 근대적 종합병원으로 만들어졌다. 내과, 외과, 산부인과, 안과, 이비인후과, 피부과, 치과 등의 전문 분과들이 있었고, 정교하게 짜인 의학교 교육과정에 따라 의학과는 4년, 약학과는 3년, 산파과는 2년, 간호과는 1년 6개월의 교육을 받았다. 교육과정과 기간은 추이의 전개에 따라 약간의 차이가 있었다.

1908년 정부에서는 의료 인력의 전반을 파악했다. 정의나 자격 기준이 명확하게 정해지지 않았던 시기라 부정확하지만, 참고삼아 보면 산파는 한국인이 33명, 일본인이 105명, 간호사는 한국인이 32명, 일본인이 155명이었다.

대한의원은 1910년 10월 1일에 조선총독부의원으로 개칭되었고, 의학교는 조선총독부의원 부속의학강습소가 되었다. 이 과정에서 전 직원에게 사표를 받았는데, 한국인 의원과 교관을 제외하고는 다시 고용해 한국인은 거의 해임되는 결과를 낳았다. 조직과 인력, 운영 등 모든 것이 더욱더 일본인 중심으로 바뀌었다. 특히 조선총독부의원의 진료 인력은 군의들로 채워졌으며, 행정 직원인 서무과장조차 군 관계자로 배치했다.

총독부는 1909년부터 천황의 시혜를 강조하여 '자혜慈惠'라는 이름을 붙인 의원을 각 도에 설치하여 지방병원의 역할을 하게 했다. 이 외에도 근대적 기술과 조직을 갖춘 병원들이 전국 각지에 속속 들어섰다. 당시 신식병원은 주로 일본인들이 살던 거류지에 세워졌는데 서울, 평양, 부산, 인천에 일본인이 경영하는 병원들이 있었다. 그렇지만 일제강점 초기까지는 선교사들이 세운 병원이 전국적으로 퍼져 있어 그 수가 압도적으로 많았다. 특히 세브란스병원은 선교 병원의 상징이었다. 이 병원에서는 의학교육도 실시하여 1908년 1회 졸업생 7명을 배출했고, 1909년에는 정부의 인가를 받은 세브란스의학교로 교명을 제정했다.

조선총독부는 경찰기관에서 보건의료 행정을 담당하도록 하여 경찰위생제도를 수립했다. 1913년「공의규칙公醫規則」을 반포하여 각지에 배치했는데, 인력이 모자라자 지방에서 개업한 의사나도 자혜의원의 의사를 촉탁으로 지정해서 보건위생사업에 협조하도록 했다. 그리고「상수도보호규칙」,「위생상 유해음식물 및 유해물품 취체규칙」,「약품 및 약품영업취체령」, 1915년「전염병예방령」등 보건 관계 법규들을 제정하여 보건의료의 법적 근거를 만들어냈다.

강제병합 후에 보건위생에 관한 여러 제도가 만들어지는 가운데 간호사와 산파의 수도 늘어났다. 일제강점기에 간호사와 산파 양성기관으로 주요한 것은 조선총독부의원 의학강습소와 각 도에 설치된 자혜의원과 같은 관립의원이었다. 1913년부터는 전국

○調查及報告

學事

○助產婦科、看護婦科卒業生

婦科看護婦科卒業生左ノ如シ
本年十月二十日朝鮮總督府醫院助產

助產婦科

原籍	姓名
京畿	×李順嬪
咸南	李昌涥
平北	白仁嬅

看護婦科

| 京畿 | 崔君子 | 京畿 | 宗銀點 | 京畿 |
| 京畿 | 李順得 | 京畿 | 朴慈惠 | 忠北 |

備考 ×印ヲ頭舊シアルハ優等生ヲ示ス

박자혜의 조선총독부의원 부속의학강습소 간호부과 졸업 기록
(『조선총독부관보』 129호, 1916년 11월 21일자)

13개 자혜의원에 조산부과와 속성조산부과가 설치되었다. 특히 속성조산부과는 헌병과 순사의 부인이나 딸 중에서 지원자를 선발해서 입학시켰다. 헌병과 경찰이 각 지역의 보건위생 사무를 담당하고, 그의 가족은 출산 위생을 담당하도록 한 것이다. 그 밖에도 일본적십자사조선본부에서 위탁간호교육을 하기도 했다. 또 선교사가 운영하는 동대문부인병원이나 세브란스병원, 평양의 보구여관에서도 간호사 및 조산사 교육을 했다.

간호사 양성 교육을 받다

박자혜가 조선총독부의원 부속의학강습소 간호부과에 다닌 사실은 어쩐 일인지 최근까지 잘 알려지지 않았다. 박자혜에 관련된 대부분의 서술에는 그가 사립조산부양성소 출신이라고 밝히고 있지만, 이는 사실과 다르다. 『조선총독부관보』에는 각종 법령의 제정, 개정, 폐지에 관한 사항 이외에 여러 가지 행정에 관한 사실이 기재되어 있는데, 1916년 11월 21일의 기록에서 박자혜가 졸업한 사실을 찾을 수 있다.

조선총독부의원은 가장 먼저 정비된 간호교육기관이었다. 부속의학강습소에서 처음으로 간호교육을 받은 학생은 한국인 간호사 견습생 9명이었는데, 이듬해 3명이 졸업을 했다. 하지만 정규 교육과정에 따른 간호교육은 1911년에 시작되었다. 조선총독부는 같

조선총독부의원 부속의학강습소 조산부과와 간호부과의 재봉 수업
(『조선위생사정요람』, 조선총독부, 1922)

은 해 2월에 「조선총독부의원부속의학강습소규칙」을 공포하여 의학과, 조산부과, 간호부과의 구체적인 내용을 마련했다. 부속의학강습소에서 조산부과는 2년, 간호부과는 1년 6개월 동안 교육을 받았다. 조산부과의 정원은 각 학년 20명, 간호부과의 정원은 각 학기 20명이었다. 입학 자격은 17세에서 25세 이하의 신체 건강하고 품행이 방정한 한국인 여성이었다. 이후 입학 자격에서 한국인 여성 규정이 삭제되어 일본인과 한국인, 남녀를 불문하고 입학이 가능해졌다. 입학 학력 기준은 간호부과는 보통학교 3년 수료자, 조산부과는 4년 수료자로 시험을 보지 않고 입학할 수 있었지만, 자격에 미달하는 사람은 별도로 일본어 강독과 회화 시험을 보

도록 했다.

박자혜는 보통학교가 아니라 숙명여자고등보통학교, 즉 중등 수준의 학교를 졸업했으므로 입학 자격 조건이 충분했다. 1911년 4월 공포된 「조선교육령」에 따르면, 여학생의 경우 지금의 초등교육에 해당하는 3~4년의 보통학교 교육을 거친 이후에야 3년 과정의 여자고등보통학교에 입학할 수 있었다.

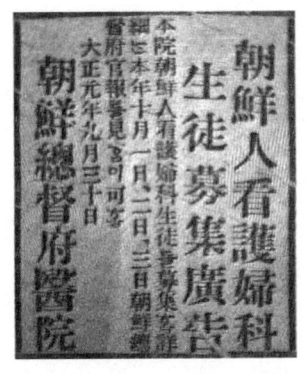

조선총독부의원 간호부과 학생 모집 광고(『매일신보』, 1912년 10일 1일자)

부속의학강습소에서는 일본어가 중시되었다. 간호부과와 조산부과 모두 수신과 일어가 매 학기 공통필수과목이었다. 일본어는 간호사뿐 아니라 의사 양성에서도 중요했다. 부속의학강습소의 주요 목표가 연구와 교육을 하는 의학자를 양성하는 것이 아니라 당장 환자를 진료할 일본식 교육을 받은 임상 의사를 양성하는 것이었기 때문이다. 박자혜는 숙명여고보에서 일본어를 배웠으므로 교육을 받는 데 별 어려움을 겪지 않았을 것이다. 숙명여고보의 교사 대부분이 일본인이었고, 일본어 교육을 많이 했기 때문이다. 간호부과에서는 수학, 해부학, 생리학, 간호학, 붕대학, 소독법, 기계취급법, 수술개보법, 위생학, 구급법, 실습 등을 가르쳤다. 조산부과에서는 수학, 해부학, 생리학, 소독법, 태생학, 산파학, 육아법을 통해 정상분만과 이상분만의 구별, 정상분만의 처치, 산욕의 주의법,

소독법 등을 중심으로 학생들을 교육했다. 1주일에 30시간의 수업을 했다.

박자혜는 부속의학강습소에서 학비 부담 없이 공부를 할 수 있었던 것으로 추정된다. 그것은 의학강습소의 학비 규정 때문이다. 조선총독부는 「조선총독부의원 의학강습소생도 학자급여규칙」을 마련하여 학생들에게 수업료를 받지 않았고, 정원의 절반에 이르는 학생들에게는 학자금을 지급했다. 학자금은 식비, 피복비, 잡비로 구성되었는데, 현금뿐 아니라 현물로도 지급되었다. 규정은 계속 변화했는데, 1912년 개정에서는 학자금 피지급자를 정원의 1/3로 축소하는 한편, 수급인을 한국인 학생으로 제한했다. 학자금을 받은 학생으로 하여금 졸업 후에 조선총독부의원의 원장이 지정하는 업무에 종사하도록 하는 의무연한제도도 있었다. 박자혜는 부속의학강습소에서 마련한 혜택을 받고 공부를 할 수 있었다. 수업료를 받지 않고 의식주를 제공하는 등 강습소의 학습 여건은 좋은 편이었지만, 지원자는 많지 않았다. 자격을 갖춘 지원자가 부족해서 번번이 정원 미달이었고, 입학시험을 본 후에도 추가 지원자를 모집하기 일쑤였다. 좋은 학습 여건에도 불구하고 지원자가 적었던 것은 입학 자격을 갖춘 사람의 수가 적었기 때문이었다. 근대교육을 받은 여성들이 드문 데다가 근대교육의 수혜자는 주로 상류층의 여성들이었기 때문이다. 상류층에서 딸에게 간호사나 조산사를 시키는 경우는 흔하지 않았다. 한편 한국인 학생들은 간호부과보다 조산부과에 더 많이 지원했다고 한다.

박자혜가 숙명여고보 기예과에서 수학했다는 점, 조선총독부의원 부속의학강습소에 들어갔다는 점은 그의 의식세계를 가늠해보는 데 중요한 사실일 것이다. 박자혜는 어린 나이에 부모의 품을 벗어나 궁인으로 사회생활을 시작했고, 숙명여고보 기예과에 진학할 정도로 자립과 직업에 관심이 많았다. 교육받을 능력과 자립에 대한 의지가 있었고, 중인 출신으로 양반가의 규범에 크게 얽매이지 않았던 박자혜에게 부속의학강습소는 삶을 개척하는 데 괜찮은 선택지였다.

간호부 및 산파 면허를 취득하다

지금은 거의 사라져서 생소한 직업이지만, 일제강점기부터 해방 후까지 산파는 상당 기간 의료전문가로 활약했다. 당시의 산파 제도는 근대적인 분만교육과 위생교육을 받은 산파가 출산에 참여하도록 하는 제도였다. 산파는 관련 교육을 받고 국가로부터 면허를 얻어서 자격을 갖춘 이들이었다.

일본의 경우에는 에도 시대부터 산파가 직업적으로 독립했으며, 분만을 할 때에는 산파의 도움을 받아야 한다는 생각이 널리 퍼져 있었다. 현실적으로 조선에 일본인들이 많이 살게 되면서 일본인 보호를 위해 산파제도를 보급하고 확대할 필요가 있었다. 강제병합 전후 조선에 건너온 일본인의 수가 많아지면서 일본인 산파의 수도 늘어났다. 조선총독부의 조사에 따르면 1912년 전국적으로 활약한 일본인 산파 개업자 수는 274명이었다. 그러나 이들은 서울과 경상남도에 집중되어 있었다. 또 도시에 몰려 있어서 벽지에서 출산하는 이들은 어려움을 겪기도 했다. 이러한 상황을 타개하고자 조선총독부는 일정한 자격을 갖춘 산파를 조선에서도 양성하고자 했고, 교육과 면허제도를 통해서 이를 관리했다.

조산부양성소 졸업식 관련 기사 (『매일신보』, 1918년 3월 30일자)

당시 『매일신보』 등에서는 "조선의 출산 관행이 미신에 의지하고 교육받지 못한 촌의 산파에 의존하여 매우 위험하다"고 비판하기도 했다. 문명의 민족은 10명의 1명꼴로 의사가 있어 생명의 안정을 기한다며, '문명한' 서구·일본과 종래의 관행이나 미신에 의존하는 조선의 '미개함'을 대비하면서 비판했다. 하지만 조선총독부에서 산파제도를 도입했음에도 한국인들은 산파의 혜택을 많이 누리지 못했다. 산파가 참여한 출산이 일반화되거나 그러한 출산 형태에 대한 대중의 인식이 바뀔 정도로 제도나 여건이 풍부하지 않았기 때문이다.

조선총독부에서 마련한 규정이 있었기에 당시에 산파가 되려면 그에 합당한 교육을 받고 시험을 보아서 면허증을 따야 했다. 조선총독부는 산파의 보급과 관리를 위해 1914년에 「조선총독부령」 108호로 '산파규칙'과 109호로 '산파시험규칙'을 마련했다. 산파규칙을 보면 산파 면허를 받을 수 있는 사람은 다음과 같았다.

- 20세 이상의 여성으로 산파 시험에 합격하거나,
- 조선총독부의원이나 도 자혜의원의 조산부과를 졸업하거나,
- 도 자혜의원 속성조산부과를 졸업하고 도 자혜의원장이 교부한 조산부의 적임증서가 있거나,
- 조선총독이 지정한 학교 또는 산파 양성소를 졸업하거나,
- 1899년 일본 칙령 345호에 「산파규칙」에 의한 산파명부에 등록을 받을 자격이 있는 사람

이 내용의 마지막 규정은 일본인 산파를 지칭하는 것이다. 그리고 다음과 같이 산파가 될 수 없는 사람을 규정한 조항도 있었다.

- 신체와 정신에 이상이 있어서 산파의 업무를 할 수 없다고 판단되거나,
- 산파 업무에 관련된 죄 또는 금고 이상에 해당하는 죄를 점한 사람

당시에도 출산에 관한 모든 과정을 산파들이 다 관장하고 책임지지는 않았다. 산파는 임산부와 태아의 건강에 이상이 없을 때에

한해서 처치를 할 수 있었고, 이상에 있을 때에는 반드시 의사에게 의뢰하도록 했다. '산파시험규칙'은 산파시험에 관한 사항을 정한 것이었다.

조선총독부에서 산파제도를 도입하면서 산파 면허를 가지고 영업을 하는 사람들이 늘어났다. 1910년 192명에서 1919년 620명으로 3배 이상 증가했다. 하지만 전체 산파 면허자 중에서 한국인의 비율은 4% 미만으로 매우 낮았다. 더 나아가 1923년까지 한국에서 산파 면허를 가진 사람 758명 가운데 한국인은 42명(5.5%)이었다. 일본인 산파가 압도적으로 많았는데, 이들은 조선에 있는 일본인을 대상으로 활동했을 것이다.

일제강점기에 한국의 산파제도가 일본보다 폭넓지 못했던 것은 조선총독부가 인구 관리를 위한 적극적 시책을 펴지 않았기 때문이기도 했다. 조선총독부의 위생시책 중 큰 비중을 차지한 것은 보건보다는 방역이었다. 일제의 보건위생정책은 페스트나 콜레라 같은 전염병 차단을 위주로 한 활동으로 소극적인 면이 강했다. 일제가 한국인의 건강에 관심을 가진 것은 1937년 중일전쟁 이후로 전쟁에 한국인을 직접 동원할 필요성이 생겼기 때문이었다.

일본은 부국강병과 건전한 국민 양성을 위해서 위생적인 출산 제도를 보급하고자 했고, 이에 맞추어 산파 양성에 주력했다. 19세기 후반 메이지유신 이후 일본 정부에서는 산파를 활발하게 양성했으며, 거의 모든 산모들이 산파의 도움을 받고 출산을 했다. 산파들은 안전한 분만을 위한 의학 지식과 위생 관념을 도입하여 개

사립조산부양성소 우등 졸업생 사진과 기사
(『매일신보』, 1913년 3월 25·26일자)

업 산파로 활동하거나 병원 및 조산원과 같은 시설에서 일했다.

개화기 지식인들은 부국강병과 사회개혁의 차원에서 산파의 필요성을 주장했다. 유길준 등의 지식인들은 서구 열강의 힘이 건강한 인구에서 나온다고 인식하면서 산파 양성을 강조했다. 개화기에는 산파를 교육하는 시설을 설립하려는 시도가 수차례 있었다. 다음 기사에서는 이종문이라는 유지가 산파학교를 설립하고 외국의 고명한 산파를 초빙, 부인을 모집하여 교육하려고 한다는 소식을 전하고 있다.

드디어 1909년 윤치성이 주도하고 지석영 등의 저명인사와 상류층 여성들이 참여하여 '조산파양성소'가 설립되었다. 소장에는 홍순관의 부인 박씨, 부소장에는 윤치호의 부인이 선임되었다. 사립조산부양성소에서는 17세 이상으로 약간의 학문이 있는 자를 모집하여 17명을 선발, 교육했다. 간이생리학, 간이산파학, 해부학, 태생학, 간호, 육아, 소독법 등을 가르쳤다. 또 일반인을 대상으로 근대적 보건위생을 보급하는 활동도 했다.

사립조산부양성소의 졸업식에는 조선총독부 위생과장 등과 한국인 유명 인사들이 참여했다. 우등 졸업생이 일본어로 소감을 발표하고, 차등 졸업생은 한국어로 소감을 발표했다. 졸업식 광경과 졸업생들은 신문에 크게 보도되었다. 특히 성적이 좋은 졸업생들의 사진과 함께 이들에 대한 소개, 이들에 대한 사회의 기대를 담은 기사를 싣기도 했다. 당시 3월은 각 학교의 졸업식이 많을 때라 성적이 좋은 졸업생을 소개하는 기사가 신문에 자주 실렸는데, 사립조산부양성소의 졸업식과 졸업생을 소개하는 기사 또한 실렸다.

1913년 3월 25일에는 허경자에 대해 한문에 소양이 있고 장구한 세월을 한결같이 학업에 만전하여 우등을 했으며, 장래도 촉망된다는 식의 칭찬을 하고 있다. 3월 26일에는 차석 졸업생의 나이 등을 소개하면서 앞으로의 활동에 대한 기대를 내보이고 있다. 졸업식과 졸업생을 소개하는 기사를 통해 당시 사회에서 근대 의료 기술이 도입되며 새롭게 정의되고 있는 산파에 대한 기대를 품고 있음을 엿볼 수 있다. 하지만 민중에게는 아직 산파의 필요성이 분명하게 인식되지는 못했다.

1914년 10월 조선총독부령 154호로 「간호부규칙」이 공포되었다. 근대의료기관이 늘어나면서 간호사의 자격과 면허를 규정하는 법이 필요하게 된 것이다. 이 규칙에는 산파 면허와 같이 간호부의 자격, 면허, 시험, 위반했을 때 제제 등이 규정되어 있었다. 간호부 면허를 받기 위해서는 이 규칙에 따라 18세 이상의 여성으로 조선총독이 정한 간호부 시험에 합격하거나, 조선총독부의원 또는 도 자혜의원의 간호부과를 졸업해야 했다. 또는 총독이 지정한 학교를 졸업하거나 시험에 합격해야 했다. 산파의 경우와 같이 신체나 정신에 이상이 있는 사람, 업무에 관련된 죄 또는 금고 이상에 해당하는 죄를 점한 사람은 면허를 받을 수 없었다.

박자혜는 조선총독부의원 부속의학강습소 간호부과를 졸업했으므로 자연스럽게 간호부 면허를 취득할 수 있었다. 또 간호부과 졸업과 함께 산파 면허도 얻었다. 1910년대 중반 무렵 20대 초반의 박자혜는 중등학교를 졸업한 뒤, 전문적인 교육을 받고 전문직에 종사할 수 있는 면허증을 가진 여성, 일제강점기에 주로 사용한 언어인 일본어를 구사할 수 있는 능력을 가진 여성으로 성장했다.

조선총독부의원에서 간호사로 근무하다

강제병합 당시 조선총독부의원에서 근무하는 의원, 의관, 조수, 약제사, 통역생 등의 인력은 거의 일본인으로 구성되어 있었다. 특히 일제의 군대에서 복무한 사람이 대부분이었다. 초대원장은 일본 육군 군의감 출신의 후지타藤田嗣章였다. 그는 기존 직원을 해고하고, 각 진료과장에 군의를 기용했는데 이 과정에서 일본인 민간인 의사들도 상당수 퇴임했다.

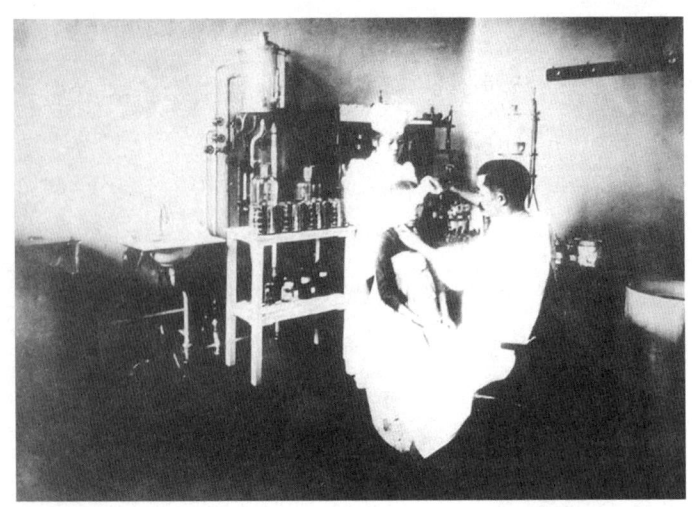
조선총독부의원에서 진료하는 모습

 조선총독부의원 설립 당시 임상과로는 내과, 외과, 산과 및 부인과, 소아과, 안과, 이비인후과, 피부과 등의 7개과를 두었다. 1911년에 치과, 1913년에 정신병과, 1916년 전염병 및 지방병 연구과가 신설되었다. 1917년에는 외과에서 정형외과를 분과했고, 1920년에는 내과를 제1내과, 제2내과로 분리했다.

 1910년대 조선총독부는 전반적으로 긴축 재정을 추구했으나 조선총독부의원에 대해서는 많은 투자를 했다. 각 도의 자혜의원에 대해서는 철도사업보다 우선하여 재정을 쏟아붓기도 했다. 선진 의료사업을 통한 '문명의 통치'를 한국인의 눈앞에 보여주려는 의도 때문이었던 것으로 보인다. 1910년에는 병동을 늘리고 임상

강의실, 수술실, 전기치료실, 엑스선실, 사진실 등을 배치했으며, 이후에도 정신병 및 지방병 연구실 등을 증설했다.

당시 조선총독부의원에는 한국인이 드물었다. 근무자도 일본인이 압도적으로 많았고, 환자도 일본인이 많았다. 한국인 의료진은 내과 조수 지성연(의학교 2회 졸업생), 외과 조수 강원영(의학교 2회 졸업생), 의육과 조수 오일상, 내과 의원 김용채(조선총독부의원 부속 의학강습소 1회 졸업생), 정신병과 조수 심호섭(조선총독부의원 부속 의학강습소 3회 졸업생) 등 5명에 불과했다. 조선총독부의원에서 간호 인력은 전체의 32~49%에 달하여 가장 큰 비중을 차지했다. 그러나 역시 한국인 간호사의 수는 매우 적었다. 〈표 1〉은 1910년대 조선총독부의원의 간호 인력 중 한국인의 비율을 살펴본 표이다.

간호 인력 중 한국인이 차지하는 비중은 최소 8%에서 최대 25%였다. 한국인 의사보다는 한국인 간호사의 비중이 높았음을 알 수 있다. 한국인 간호사는 일본인 의사와 한국인 환자 사이에서 매개자의 역할을 했기 때문에 의사에 비해 그 수가 많았다고 한다. 박자혜는 1916년부터 1919년 3월까지 조선총독부의원에서 근무했는데, 근무 기간 동안 가장 많은 한국인 간호사들과 일을 한 것은 근무 첫해인 1916년이었다.

1910년대에는 여성들이 제도교육을 받고도 곧이어 직업을 가질 수 있는 사회적 환경이 마련되어 있지 않았다. 이러한 여건 속에서 근대의학을 공부한 다음에 국가에서 발급한 면허증을 취득하여 직업을 얻을 수 있는 간호직은 당시 여성들에게 새로운 인생을 경

〈표 1〉 1910년대 조선총독부의원 간호 인력

연도	간호 인력		한국인과 일본인을 합한 수	전체 직원 수
	일본인의 수	한국인의 수 (전체 간호 인력 중 한국인의 비율)		
1910	60	7(10%)	67	109
1911	84	4(5%)	88	132
1912	98	32(25%)	130	196
1913	109	32(23%)	141	209
1914	86	23(21%)	109	228
1915	91	24(21%)	115	259
1916	94	28(23%)	122	272
1917	93	18(16%)	111	258
1918	97	9(8%)	106	261
1919	95	11(10%)	106	266
1920	145	18(11%)	163	332

험할 수 있는 기회가 되었다. 간호사와 산파 두 가지 다 근대에 들어서면서 생겨난 새로운 직업이었고, '세상 사람들의 생명을 담당'하는 사회적·공적 역할에 종사한다는 기대를 받는 직업이었다.

앞에서 살펴본 사립조산부양성소의 졸업식 소식과 마찬가지로 조선총독부의원 부속의학강습소의 졸업식 소식 또한 신문에 큰 지면을 차지했다. 고관들이 참석한 가운데 총독이 유고를 내렸고, 의과와 조산부과, 간호부과 수석졸업생이 '유창한 국어', 즉 일본어로 답사를 했다. 그렇지만 사회는 이들을 전문직에 종사할 사회의 기둥으로 바라보기보다 젊고 정숙한 여성으로 바라보기도 했다. 다음은 『매일신보』 1914년 3월 29일자에 실린 기사이다.

한정혜는 작작한 거름으로 부끄럽고도 즐거움을 이기지 못하여 양 옆에 화기로운 붉은 기운을 띠고 … 간호부 입는 하얀 옷을 아주 깨끗하게 입은 채로 의원장에 앞에 나아가 공손히 예하고 증서를 받아 가지고 돌아서서 나오는 거동은 한낮의 광채를 이루어, 보는 사람으로 하여금 무한한 찬송과 감상을 일으키더라.

1910년대는 사회적으로나 개인적으로 여성이 사회생활을 한다는 것, 직업을 가지고 일을 한다는 것이 높이 평가받지 못했던 시대였다. 교육을 받은 여성조차 가정주부로 들어앉을 만큼 현모양처가 대세였던 시대였다. 이러한 시대적 한계 속에서도 박자혜는 조선총독부의원에 취직해 직업인으로서의 길을 걷기 시작했다. 1916년 11월 조선총독부의원 부속의학강습소 간호부과를 졸업한 박자혜는 조선총독부의원 산과·부인과에서 간호사로 근무했다. 당시 조선총독부의원에 설치된 각 진료과의 이름은 자주 변경되었는데, 1916년에는 산과·부인과였다. 1895년생인 박자혜는 1916년에 21세가 되었다.

3·1운동으로 변화하다

3·1운동의 물결이 일렁이다

박자혜는 궁인을 거쳐 학생과 간호사로 생활하면서 경제적 능력을 보유하고 나아가 사회적 지위를 지닌 주체적인 여성으로 성장했다. 이때까지 그의 삶에서 민족의식 또는 정치의식의 영향이나 흔적은 별로 나타나지 않는다. 그가 재학했던 숙명여고보에는 일본인 교사들이 많았다는 점, 조선총독부의원 부속의학강습소에 입학했다는 점으로 보아 일제가 주도하여 도입한 근대문명을 거부감 없이 받아들였을 가능성이 크다. 박자혜는 자신의 삶을 꾸려나갈 수 있는 방도인 직업을 가장 중요하게 생각하여 실용적으로 접근했을 것 같다. 그러나 1919년 3월 1일에 시작된 만세시위는 직업인 박자혜의 삶에 커다란 변화를 가져다주었다. 3·1운동은 박자혜뿐 아니라 거의 모든 한국인에게 엄청난 영향을 주었다.

1910년대는 모든 한국인에게 암울한 시기였다. 일본에 합방 상소문을 제출했던 일진회 회원들도 독립운동에 나설 만큼 일제의 지배는 불합리하고 사나웠다. 한국인에게는 어떠한 권리나 자유도 보장되지 않았으며 민족 차별은 예사였다. 새로운 제도들은 매일

비처럼 쏟아져 내렸고, 변화된 내용을 미처 알 길이 없던 한국인들을 기다리는 것은 헌병 경찰의 매질이었다. 근대문명이라는 명분으로 한국인의 관습과 맞지 않는 듣도 보도 못한 법령들이 한국인을 괴롭혔다. 공동묘지 제도를 실시하고자 만든 「묘지령」은 한국인의 오랜 장례에 대한 관습이나 효 관념과 맞지 않았으며, 산림자원과 근대적 소유권 보호를 목적으로 만든 「산림령」 또한 실상과 맞지 않았다. 동네 뒷산에서 솔가지 긁다가 태질을 당하거나 벌금을 때려맞기 일쑤였다. 일제는 한국에 근대문명을 능숙하게 펼칠 역량도 없었고, 한국인을 설득할 실력이나 아량도 없었다. 능력이 없으니 앞서는 것은 주먹이었다.

그렇다면 일제의 정책 실패가 3·1운동 발생의 원인이었을까? 헌병 경찰의 폭력과 정책이 문제였음은 일제도 인식하고 있었다. 일제는 헌병경찰제도의 무단성과 폭력성, 한국인에 대한 심각한 차별 때문에 3·1운동이 일어났다고 파악하고 시정 개선, 즉 정책 변화를 시도했다. 그러나 3·1운동은 조선총독부의 정책 실패에 대한 질책과 반항을 넘어섰다.

한국인들은 개화기 이래 서구 열강과 근대문명의 압도적 힘을 목도했다. 한국인들은 서구 열강과 같은 강한 자가 한국과 같은 약소민족을 지배하는 것을 자연스러운 현상으로 받아들였다. 근대문명의 우월성에 굴복했던 것이다. 그러나 제1차 세계대전을 통해 근대문명이 강대국의 야만적인 땅따먹기 싸움의 도구이자 명분에 불과했음이 세계만방에 폭로되었다. 1917년에 일어난 러시아

조선총독부의원(1925)

혁명에서 제국주의 전쟁 종결과 민족자결이 제창되었고, 1918년에 제국주의 국가 간의 명분 없는 전쟁은 종전으로 귀결되었다. 제국주의 지배를 받던 식민지 민족들은 민족자결을 제창하면서 독립을 요구했다. 한국에서는 3·1운동이 일어났고, 이집트에서는 1919혁명이 일어났다. 아일랜드의 독립운동, 중국의 5·4운동, 인도의 독립운동 등도 잇달았으며, 베트남에서 민족해방운동이 시작되었다. 3·1운동에서 한국인들은 사회진화론에서 앞세우는 약육강식의 힘의 논리가 아닌 인간의 길을 주장했다. 이들은 인도와 정의, 평화를 외치면서 조선의 독립을 외쳤다. 3월 1일에 경성, 신천, 평양 등지에서 만세운동이 시작되자 수많은 군중이 만세시위에 합류했다.

조선총독부의원에 근무하는 의사나 간호사, 산파 및 경성의학전문학교(경의전) 등에 다니는 학생 등은 한국인 중 엘리트였지만, 민족차별을 피할 수 없었다. 예를 들면 경의전 학생들은 수업을 받을 때뿐 아니라 졸업 후 의사 자격을 취득할 때에도 차별을 받았다. 한국인 학생들과 사실상 별반으로 일본인 학생들을 위한 반을 만들었고, 이 반에 좋은 수업을 몰아주었다. 그리고 한국인 졸업생들은 한국 안에서만 개업할 수 있는 자격을 얻었지만, 일본인 졸업생들은 일본 영토 어디에서나 개업할 수 있는 자격을 얻었다. 교수들의 민족차별 발언, 일본어 수업과 일본식 가치관을 주입하는 수업은 한국인 학생들의 반발을 샀다. 미처 의식하지 않고 있던 민족의식마저 생겨나게 만드는 불합리한 상황이었던 것이다. 그러한 처지에 놓인 한국인 학생들은 민족적 현실을 인지하고 저항감을 키웠다. 3·1운동이 일어나자 경의전 학생들은 선두에서 만세시위에 적극적으로 참여했다. 총독부 문헌을 살펴보면 서울에서 3·1운동과 관련해 구금된 학생들을 소속 학교별로 나누어보았을 때 경의전 학생들이 가장 많은 것으로 나타난다.

간호사로서 일제에 항거하다

조선총독부의원 내에서도 항시적으로 민족차별이 이루어졌다. 일본인 간호사가 진료를 받으려고 온 한국인 상류층에게 차별하고 멸시하는 발언을 던져 분노를 산 일도 있었다. 이처럼 지식층은 실생활 속에서 일본인들과 부딪히며 항상 차별을 경험했기 때문에 일제에 대한 저항감이 상당히 누적된 상태였을 것이다. 이러한 암울하고 서글픈 현실 속에서 박자혜 또한 민족적 저항감을 키우며 살아가고 있었다.

박자혜는 서울의 한복판, 가장 치열한 현장에서 만세시위를 목격했다. 조선총독부는 시위대를 해산시키려 했지만 군중의 기세에 눌리기 일쑤였다. 조선총독부는 3·1운동이 확산되는 것을 저지하기 위해 폭력적으로 진압했다. 공식 집계로만 보아도 사상자 수가 엄청났다. 당시 인구 2,000만 명 중 10%인 200만 명이 시위에 나섰는데, 7,600여 명이 살해되고 1만 6,000여 명이 부상당했다. 교회와 학교 49곳, 민가 715채가 불에 탔다. 이러한 폭압적 상황 속에서 경찰과 군의 구타와 발포로 부상당한 사람들은 조선총독부의원으로 이송되었다. 따라서 조선총독부의원에서 근무하던 박자혜는 3·1운동을 가까이에서 직접 느낄 수 있었다. 연일 만세시위가 계속되었고 부상을 당하는 사람들도 늘어갔다. 얼마 되지 않는 한국인 의사들도 여러 가지 방법으로 저항을 표했다. 내과 의사 김용채는 병원을 그만둘 결심을 하기도 했다고 한다. 이런 분위기 속에서 박자혜는 정치적 행동을 시작했다.

박자혜는 병원에 실려온 부상자들을 치료하면서 무엇인가를 해야 한다는 죄책감을 느꼈다고 한다. 3월 6일 오후 6시 동료 간호사들을 모아 함께 시국에 대하여 의견을 나누며 만세운동에 동참할 것을 논의했다. 간호사 4명의 동의를 얻어 독립만세를 부르기로 계획한 뒤, 3월 10일에 이를 실행했다. 그리고 박자혜는 다른 병원의 한국인 간호사들과 연락을 취해 태업을 주도했으며, '간우회'라는 간호사 조직도 만들었다. 이와 같은 정치적 행동을 하면서 박자혜는 일본 경찰의 주목을 받았다. 경기도 경찰부의 동향 보고서인 『사찰휘보』에 박자혜에 관한 언급이 실려 있다. 경찰은 박자혜에 대해 '과격한 언론을 말하는 자', '악질적 여자'라고 평가하면서 감시를 했다.

한국인 의사들은 사직과 휴무를 통해 일제에 항의를 표시했다. 내과 의사 김용채는 3월 30일에 무단 휴무에 돌입했고, 소아과에 근무하는 김달환은 3월 24일에 휴무에 들어갔다. 연구과의 김영오도 3월 26일부터 휴무를 했다. 박자혜 역시 저항을 표하고 일제의 감시를 피하려 휴무를 감행했다. 그는 중국의 지린성에 있는 부친이 병에 걸려서 가보아야 한다는 이유를 대고 3월 22일에 휴가를 신청하고 병원을 떠났다. 박자혜는 국경을 넘어 베이징으로 가서 새로운 인생을 시작하고자 했다.

이와 같은 박자혜의 선택과 행동은 3·1운동 이전의 행적에 비추어 다소 돌발적으로 보이기도 한다. 궁인으로 살며 인생을 마감할 뻔했으나 상류층 여성에 대한 교육을 담당했던 고등여학교에서 여학생으로 생활을 했다. 그리고 조선총독부의원에서 학자금 지원을 받으며 공부하며 간호사로 성장했다. 정치적 선택을 하기 전까지의 삶을 정리해보면 궁핍한 집안에서 높지 않은 신분으로 태어났지만, 시대와 제도의 변화에 잘 적응하여 능력을 발휘하면서 살아왔다고 할 수 있다.

그런데 3·1운동이 일어나자 그는 직업을 버리고 중국으로 향한 것이다. 3·1운동이라는 거대한 물결은 박자혜의 인생을 완전히 바꾸어놓았다. 3·1운동은 박자혜뿐 아니라 만세시위에 직접 참여했든 간접 경험을 했든 모든 한국인의 삶에 커다란 영향을 끼쳤다. 3·1운동은 한민족을 하나의 실체로 드러내는 계기가 되었으며, 일제를 비롯한 제국주의의 부당함에 항거하는 동력이 되었다. 거시적으로 보면 20세기 내내 어느 누구도 3·1운동의 자장에서 자유롭지 못했다.

간호사나 산파도 민족운동에 동참하다

민족운동과 사회운동에 참여한 사람 중에는 박자혜처럼 간호사 또는 산파라는 직업을 가진 사람들이 더 있다. 일제강점기 민족운동에 참여한 여성의 대부분은 여학생이거나 교사였지만, 간호사나 산파 또한 전문 직업인으로 활발히 민족운동과 사회운동에 참여했다. 사회주의 여성운동가로 유명한 정종명鄭鍾鳴, 진주에서 3·1운동에 참여하고 '조선간호부협회'를 창립하여 모자보건사업을 한 한신광韓晨光도 간호사 겸 산파였다. 그렇다면 그들을 어떠한 직업적 특성이 그들을 3·1운동으로 이끌었던 것일까?

3·1운동이 일어나자 조선총독부의원의 박자혜가 활약한 것처럼 다른 병원 간호사들도 3·1운동에 앞장섰다. 세브란스병원의 간호사 이아주는 독립선언서 서명 작업에 직접 참여했고, 같은 병원의 이성숙은 동료들을 독려해서 만세시위에 참여했다가 체포되어 곤욕을 치렀다. 역시 세브란스병원에서 간호사로 근무하고 있던 박혜덕, 노순경, 이도신, 김효순 등도 만세운동에 참여했다. 이들은 1919년 12월 2일 서울 예정동에서 '구한국만세'와 '조선독립만세'라고 쓴 큰 깃발을 들고 만세시위를 했다.

가장 활발하게 독립활동을 한 간호사로는 세브란스병원의 이정숙이 있다. 이정숙은 1896년 3월 9일 함경남도 북청에서 태어났다. 1919년 정신여학교를 졸업한 뒤에는 서울로 유학을 했다. 딸에게 기독교계 여학교에서 고등교육을 받도록 하고 서울로 유학을 보낸 것으로 볼 때 이정숙의 집안은 일찍이 개화한 기독교도였으며, 경제적으로도 비교적 부유했던 것으로 보인다. 이정숙은 김마리아, 황에스터 등과 함께 대한애국부인회를 조직했고, 오현관, 오현주 등과 애국부인회를 조직해 3·1운동으로 투옥된 사람들과 대한민국임시정부를 지원하는 활동을 했다. 맹렬하게 활동을 하던 중에 체포되어 옥고를 치렀다. 감옥에서 나온 후에 이정숙은 1925년 여성해방을 주장하면서 조선여성해방동맹에 발기인으로 참여했고, 경성여자청년회에서 초대 집행위원으로 활동했다.

간호사와 산파는 여성이 가질 수 있는 새로운 전문직이었다. 한 신문 기사에서는 산파의 직업적 가치를 "새 생명의 탄생을 취급하는 것이므로 그 사회적 중요성은 실로 크며, 인간사회의 운명을 위하야 가장 축복받아야 할 거룩한 직업"이라고 추켜세웠다. 또 간호사를 '구원의 여신' 또는 '천사'로 묘사했다. 당시 간호사와 산파는 사회적으로 근대적 위생을 실현하는 의료인이라는 자긍심을 가질 만한 직업이었던 것이다. 또 직업적 능력을 발휘하여 민족운동과 같은 공적 영역에 참여할 수 있는 직업이기도 했다.

박자혜 외에도 정종명과 한신광 또한 민족운동에 참여한 간호사 겸 산파였다. 이들은 각자의 처지에서 3·1운동에 참여하며 민족운동을 시작했고, 1920년대에 들어와서는 맹렬하게 민족운동을 전개했던 전문직 여성이었다. 정종명은 세브란스병원 간호부양성소에 다니던 중 3·1운동을 겪었고, 한신광은 진주에서 여학교를 다니면서 3·1운동에 참여했다. 1920년대 이들은 간호사 운동단체 설립과 여성운동의 좌우연합기관인 근우회에서 빛나는 활약을 했다.

한신광은 산파를 소개하면서 "내 경험으로 남에게 희망을 줄 수 있는 직업"이라고 했다. 그는 진주의 개신교 집안에서 태어나 여학교를 다니다가 3·1운동에 참여했고, 서울에 올라와서 동대문부인병원 간호부양성소에서 간호와 조산에 관한 교육을 받고 산파 면허를 취득했다. 그는 산파라는 직업을 바탕으로 하여 태화진찰소에서 모자보건사업을 시행했고, 한국인 간호사들을 모아서 '조선간호부협회'를 결성하여 초대 회장으로 활동했다. 이 단체는 정종명, 김금옥 등과 함께 만들었다. 1924년 11월 22일자 『동아일보』

에 실린 조선간호부협회의 창립 취지를 보면 당시의 간호사들이 어떤 생각으로 사회 참여를 했는지 알 수 있다.

> 우리 간호부들은 이때까지 병원의 고용살이를 하는 일 외에 아무것도 사회를 위하여 일한 일이 없습니다. 우리도 우리의 천직을 하기 위하여 우리끼리 상당한 기관을 만들어 가지고 사회적으로 활동할 필요가 있다 하여 이번에 간호부협회를 발기한 것이올시다. 우리는 비록 아무 힘이 없으니 다만 크리미아 여신 나이팅게일의 정신을 본받아 조금이라도 사회를 위하여 일하고자 합니다.

이들은 간호라는 직업의 본성을 발휘하는 것, 나이팅게일의 정신을 이어받는 것은 곧 사회를 위하여 일하는 것이라고 생각했다. 즉 병원만이 아니라 사회에서 합당한 역할을 하는 것을 간호라는 직업의 본질이라 여겼던 것이다. 조선간호부협회에서는 가정에 위생사상을 보급하는 일, 외로운 고아와 직업부인의 아동을 보육하는 일, 간호부에게 직업을 소개하는 일 등 세 가지 사업을 계획했다. 이 가운데 앞의 두 가지는 보건위생의 사회적 확산과 빈자를 위한 보육사업 실시를 위한 것으로 사회적 공익을 실현할 수 있는 사업이었다.

당시의 보건위생 상황은 너무나 열악했다. 일제강점기 경찰이 위생 풍습을 조사한 『조선위생풍습록』의 임신 및 출산에 관한 부분을 보면 "임신 중에 넘어지거나 과격한 운동을 해서 태아의 위치

세브란스병원 간호원양성소

가 바뀐 경우에 경기 지방에서는 문빗장의 나무열쇠를 깎아서 달인 탕을 마시거나 은가락지를 달여서 마시도록 했다"는 내용이 나온다. 경남 지방에서는 출산 후에 개구리알을 먹도록 한 경우도 있었다. 또 산기가 있을 때 발로 버선을 밟게 하거나 암사슴의 배 속에 든 새끼, 즉 녹태를 먹거나 피를 마시도록 한 경우도 있었다. 임산부가 소의 안장에 오르면 순산한다거나 짚 위에서 출산하면 복이 온다는 속설을 믿어 이 같은 방법을 출산에 통용하기도 했다. 조선총독부는 문명통치를 약속했지만, 이러한 상황을 개선하기 위해 적극적으로 나서지는 않았다. 이와 같은 예에서 알 수 있듯이 추상적인 이념을 들이대지 않고서도 병원 밖에서 이들의 손길을 기다리는 곳이 너무나 많았다. 이러한 상황에서 간호사들은 전공을 살려서 사회운동에 뛰어들 수 있었다.

박자혜처럼 간호교육을 받은 여성들은 경제적 독립에 관심이 많았다. 1917년에 세브란스병원 간호부양성소에 입학한 정종명은 "경제적 독립을 위하여" 간호사가 되고자 했다. 그리고 한신광은 경성에서 고등교육을 받고 싶어 학비가 거의 들지 않는 간호교육을 받기로 했다.

산파의 경우 간호사보다 형편이 좋은 것으로 알려져 있다. 산파는 산부인과 병원에 간호사로 취직을 할 수도 있었고, 조산원을 개업할 수도 있었다. 조산원 개업은 여러모로 이점이 많았다. 우선 결혼 이후에 닥치는 여러 제약에서 자유로웠고, 경제적으로 독립할 수도 있었다. 수입은 여성으로서 꽤 높은 편이었고 영업 능력에 따라서 더 많은 수입을 올릴 수도 있었다.

정종명은 세브란스병원 간호부양성소를 졸업한 뒤 산파가 되기 위해 면허 취득에 유리한 조선총독부의원 부속의학강습소에 들어갔다. 정종명이 입학할 당시 조선총독부의원 부속의학 강습소 조산부과는 간호부과를 졸업하거나 간호부과를 졸업할 정도의 자격자를 받아서 1년 과정으로 운영했다. 정종명은 1년 과정을 수료한 후 산파 면허를 받고 바로 서울 안국동에서 조산원을 열었다.

1921년 국내에서 산파 면허를 받은 사람은 641명이었는데, 이 중 한국인은 25명에 불과했다. 정종명은 당시로서는 매우 드문 한국인 산파로 일하면서 사회적·경제적 기반을 갖추었다. 그는 일제강점기 내내 종로 근방에서 전문적 지식을 지닌 산파로 활동하면

초창기 간호원들

서 사회주의운동을 이끌었다. 정종명은 1930년 잡지 『삼천리』에서 벌어진 '산아제한에 대한 지상 논쟁'을 통해 산파로서의 경험을 바탕으로 하여 산아 제한과 낙태에 대한 논의를 전개했다.

독립운동에 투신하다

신채호와 결혼하다

1919년 만세운동에 가담하면서 일제 당국의 주목을 받은 박자혜는 병원을 그만두고 베이징으로 건너갔다. 1920년 옌징대학燕京大學 의예과에서 공부하던 중 박자혜는 이은숙의 소개로 신채호를 만났다. 이은숙은 우당 이회영의 부인으로, 망명한 독립운동가들의 삶을 담은 『서간도 시종기』를 쓴 인물이다. 이회영 일가는 1910년 국치를 당하자 전 재산을 팔아 만주로 망명하여 독립운동을 했다. 이회영은 만주에서 무장독립운동 근거지를 건설하기 위해 노력했으며, 3·1운동 이후에는 베이징으로 옮겨가 독립운동을 지속했다. 신채호와 함께 아나키스트운동을 전개하기도 했다.

이은숙은 3·1운동 이후를 다음과 같이 회고했다.

> 만세운동 후에 임시정부를 건설한다는 소문이 사면에 파다하여 애국지사들이 매일 5,6명씩 적을 때는 2,3명씩 오는 대로 대접했다. … 1920~1921년간은 그럭저럭 사업비와 생활비를 겸하여 보내주었다.

3·1운동으로 민족운동의 열기가 뜨거웠을 때 베이징에 있는 이회영의 집은 지역공동체의 교회처럼 한국인들이 회합하는 공간이었다. 그뿐 아니라 독립의 꿈을 품고 베이징으로 오는 한국인들이 반드시 들르는 공간이기도 했다. 고국을 떠나온 사람들이 하루가 멀다 하고 드나드는 이회영의 집에서 박자혜도 급기야 신채호를 만났던 것 같다.

　신채호는 16세이던 1895년에 이미 풍양 조씨와 결혼을 했다. 그러나 1910년 신채호가 중국으로 떠나오면서 실질적인 이혼 상태가 되었다고 한다. 부인과 헤어진 결정적인 계기는 조씨와의 사이에 두었던 아들이 세상을 떠난 일이었다. 신채호는 아들을 매우 사랑했다고 한다. 전하는 이야기에 따르면 당시에 흔치 않던 우유를 사들여 아이에게 먹였지만, 그 우유를 잘못 먹어서 아이가 죽었고 이에 낙심한 신채호는 부인과 헤어질 것을 결심했다고 한다. 신채호는 다섯 마지기의 땅을 주며 조씨를 친정으로 돌려보냈다. 아직 민적과 근대적인 이혼제도가 도입되기 전의 일이었다.

　신채호는 1910년 4월 중국으로 망명을 했다. 그는 민적에 등록이 되지 않은 상태로 망명을 하여 무국적의 상태에 가까웠다. 그는 10년간의 독신생활을 끝내고 박자혜와 결혼을 했다. 하지만 박자혜와의 법적 결혼이 성립되지 않았기 때문에 두 사람의 신분상의 지위나 두 사람 사이에서 태어난 아들들의 법적 지위는 오랜 기간 불완전한 상태로 있었다.

　신채호는 상하이에서 대한민국임시정부 수립에 참여하면서 외

교독립론에 반대했다. 이승만
이 '위임통치청원서'를 써서
윌슨 미국 대통령에게 독립을
청원한 사실에 대해 혹독한 비
판했다. 임시정부와 거리를 둔
그는 상하이를 떠나 이회영이
있는 베이징으로 왔다가 박자

신채호와 박자혜의 결혼사진

혜를 만나 결혼했다. 신채호는 박자혜에게 자신은 가정에 등한한
사람이니 미리 알고 섭섭하게 생각하지 말라는 말을 자주 했다고
한다. 1921년 음력 1월에는 첫아들 신수범이 태어났다.

가장이 되어 산파원을 열다

신채호는 아이를 끔찍이 사랑했지만 경제적 상황 때문에 함께
지낼 수 없었다. 원고료와 약간의 후원금만으로는 가정을 유지할
수 없었다. 신채호는 경제적으로 유능할 수 없는 독립운동가였다.
여러 가지 이유로 박자혜가 신채호와 함께 생활한 기간은 실제로
길지 않았다. 아들 수범을 출산한 박자혜는 1922년에 임신 5개월
의 상태로 육아와 생계를 위해 서울로 돌아왔다. 이후 박자혜는 서
울 인사동에 '산파 박자혜'라는 간판을 내걸고 아이들과 생활했다.
둘째 아들인 신두범이 1927년생인 것으로 보아 1922년에 임신한

아이는 안타깝게도 잃어버린 것으로 추정된다.

박자혜가 서울로 돌아간 이후 신채호는 베이징에 있는 관음사라는 절에 기거하면서 베이징대학 도서관의 장서에 파묻혀 역사 연구에 몰두했다. 그리고 신채호는 아나키즘에 입각하여 활동을 했고, 의열단 김원봉과 교류했다. 이들의 부탁을 받고 신채호가 쓴 명문이 바로「조선혁명선언」이다. 당시 의열단의 과감한 활동은 일제의 간담을 서늘하게 했는데, 1923년에는 김상옥이 종로경찰서를, 1924년에는 김지섭이 일본 도쿄의 이중교를, 1926년에는 나석주가 식산은행과 동양척식주식회사를 폭탄으로 공격했다.

박자혜는 서울에서 생활하면서도 신채호와 지속적으로 연락을 했다. 1926년 의열단에서 보낸 나석주가 일제에 대한 공격을 단행할 때에는 서울 지리에 어두운 그를 도와 길잡이 역할을 했다고 한다. 나석주는 황해도 재령 출신으로 재령의 3·1운동을 주도했다. 상하이로 건너간 나석주는 임시정부 경무국 경호원으로 활동했다. 이후 한단군관학교邯鄲軍官學校를 졸업하고 중국군대 장교로 복무했다. 1926년 국내로 들어와 식산은행과 동양척식회사에 폭탄을 투척한 후 총격전 끝에 병원에서 세상을 떠났다.

서울에서 생활하면서 박자혜는 편지를 주고받으며 베이징의 신채호와 부부의 연을 이어갔다. 박자혜가 신채호를 마지막으로 만난 것은 1927년이었다. 실명의 위기에 빠진 신채호가 아이가 보고 싶으니 베이징으로 오라고 하여 그곳에서 한 달간 같이 생활했다. 비록 오랜 기간 함께하지는 못했지만, 신채호는 소맷동냥이라도

해서 아이들을 외국에 유학시키고 싶다는 살가운 마음을 내비치기도 했다. 이때 박자혜는 또 임신했다. 그러나 기쁨도 잠시 1928년 4월 신채호가 일본 경찰에 체포되어 10년 형을 선고받고 영어의 몸이 되자 박자혜는 옥바라지까지 하게 되었다.

1928년 12월 12일자 『동아일보』에는 박자혜의 사연이 소개되었다. "홀로 어린아이 형제를 거느리고, 저주받은 운명에 하염없이 눈물로 세월을 보내는 애처로운 부인이 있다"며 아궁이에 불을 때는 날이 한 달에 4~5일 될까 말까 하고, 삼순구식, 즉 한 달에 아홉 끼 먹는다고 할 정도로 어려운 박자혜의 형편을 보도했다. 살림살이가 말이 아니었다. 기자의 말에 따르면, 산파원에 10개월이 지나도록 손님이 한 명도 없었다. 그들 일가를 불쌍하게 여긴 이가 거처를 싸게 임대해주어 살고 있었지만, 집세가 세 달이나 밀려서 얼굴을 들지 못하는 처지가 되었다고 한다. 이 소식이 전해지자 비록 소액이지만 여기저기에서 후원금이 들어왔다.

하지만 일본 경찰의 감시로 산파원을 찾는 손님이 끊어진 지는 이미 오래였다. 손님보다 순사가 자주 들른다고 할 정도였다. 당시 안정된 직업에 속하는 산파였지만, 박자혜 가족이 처한 특수한 상황 때문에 눈 뜨고 굶는 수밖에 없었다. 일본 경찰들은 독립운동을 단속한다며 어린아이인 수범의 책가방을 뒤져 검사하기도 했다. 신수범은 경찰들의 탄압으로 결국 선린상고를 중퇴할 수밖에 없었다고 한다.

박자혜는 산파원을 열었지만 가난에서 벗어나지 못했다. 당시

박자혜의 형편을 보도한 기사
(『동아일보』, 1928년 12월 12일자)

산파들은 최소 30~40원을 벌었지만, 박자혜의 특수한 사정 때문에 수입은 그에 미치지 못했다. 그러나 박자혜를 제외한 산파들이 모두 경제적으로 풍족했던 것은 아니었다. 30원에서 40원 정도를 벌었다고 해도 여성들의 수입으로 볼 때 높은 것일 뿐, 결코 벌이가 좋은 것은 아니었다고 한다. 수입을 늘리기 위해 겸업을 하는 산파들도 있었다. 앞서 소개한 한신광은 남편이 중병을 앓아 혼자 생계를 담당하게 되자 은행원과 산파를 겸업했다. 한신광은 두 가지 직업을 갖고 일하는 중에도 근우회와 경성소비조합 활동을 게을리하지 않은 민족운동계의 슈퍼우먼이었다.

수입의 문제를 떠나서 산파는 고된 직업이었다. 출산은 밤낮 예고 없이 이루어지므로 산파의 영업시간 역시 밤낮이 따로 없었다. 또 대체적으로 교통이 편리하고 수요가 있는 도시에 산파원을 개업했으므로 지역적 편중이 극심해 수요와 공급이 잘 조절되지 않았다. 1935년 경기도에는 모두 415명의 산파가 있었는데, 그중 83%인 346명이 경성부에서 활동했다. 인천과 개성을 포함하면 91%인 378명이 도시에 집중되어 있었다.

산파의 수가 늘어났지만, 이들의 역할은 여전히 사회적으로 뿌리내리지는 못했다. 산파의 잘못으로 사산이 된 것이 아닌 상황에서도 산파들은 보호자의 욕설과 폭행에 시달려야 했다. 조선총독부의원 부속의학강습소의 제1회 졸업생인 최애도는 1915년 개성에서 개업하여 1925년 말까지 800명의 아이를 받아낸 노련한 산파였다. 그런 그도 1926년 1월 『동아일보』와의 인터뷰에서 "아직까지도 우리 조선의 산파란 참 고통입니다. 지금 경성 시내는 그다지 심하지 않습니다만 시외만 가더라고 산파라면 산모나 어린애 잡는 귀신같이 여기는 가정이 있답니다"라고 세간의 인식에 대한 불만을 표출했다.

1928년 『동아일보』에서는 '돈벌이하는 여자직업 탐방기'라는 제목으로 여성의 직업을 소개하는 기획연재를 했다. 여기에 산파도 소개되었는데, "순산을 도우며 난산을 구하는 중요한 사명 맡은 산파"라는 내용으로 산파에 대한 자세한 내용을 수록하며 산파와 간호사 두 직업을 분리하여 정리했다.

세상 사람들은 간호부와 산파를 대개 같은 직업으로 생각합니다만 그것은 오해입니다. 간호부란 병자의 병을 간호하는 직업이고 산파는 애기를 낳게 하는 직업입니다.

이 기사에서 산파들은 산파에 대한 이해가 일절 없는 것을 가장 큰 어려움으로 꼽기도 했다.

더욱 딱한 일은 조선 가정이 산파에 대하여 일 점의 이해가 없는 것입니다. 주야를 막론하고 청하면 그 소청대로 허둥지둥하고 모든 괴로움을 무릅쓰고 가는 도중에 인력거 가는 것을 기다렸다가 길을 막으며 벌써 순산하였으니 올 필요가 없다고 하는 예도 있거니와 그 집 문전까지 가서 인력거에서 내려 들어가려고 하면 순산했으니 외인을 들어가서는 안 된다고 하는 등의 예도 있습니다.

또 산파들은 진료비도 자주 받지 못했다. 간호부회에서 조산수수료를 20원으로 정했지만, 이것을 지키는 가정이 별로 없었다. 산파를 불렀으면서도 산파가 위생 관리를 하면 난리가 났다. 출생한 아기에게 산모의 임질이 전염되지 않도록 과학적 처치를 하거나 소독을 하면 난리를 피우는 경우, 난산으로 아이가 죽어 나오면 산파의 잘못이라고 욕을 하고 때리는 경우 등도 곤란한 경우로 꼽혔다. 산파의 의료활동에 대한 세간의 시선은 전근대적인 모습을 벗어나지 못했다.

산파나 간호사는 당시 '여자 직업치고'는 좋은 직업이었다. 그러나 앞에서 언급한 『동아일보』의 '돈벌이하는 여자직업 탐방기'에 따르면 간호사의 고충은 복합적이었다. 간호사들은 '의사의 인격적 압박'을 지적했는데, 의사들이 간호사를 거의 종처럼 대우한다는 것이었다. 그 밖에도 산파와 달리 죽음을 많이 겪는 것, 일은 고된 반면 급여는 박한 것 등의 고충도 있었다. 감염의 위험과 대소변을 받는 괴로움, 환자에게 받는 희롱은 여성으로서 여간 어려운 일이 아니라고 토로했다. 간호사는 전문직이었지만, 일면 여성이 하기에는 매우 험하고 힘든 노동을 해야 하는 직업이기도 했다. 당시 간호사 또는 산파 교육을 받은 여성들이 간호사보다 산파를 선호했던 데에는 경제적인 문제와 함께 업무의 상대적 수월성도 영향이 미쳤다.

그럼에도 간호사들은 축음기만 듣고 노는 여성은 절대 부럽지 않다고 했는데, 일제강점기의 여성잡지 『신여성』의 취재기자는 간호사들을 어려운 중에도 자신의 문제를 올바로 개척해나가고자 하는 직업여성으로서 강한 의지가 있는 사람들이라 평가했다.

신채호와 사별 이후 쓸쓸히 세상을 뜨다

한편 머나먼 곳의 감옥에 갇힌 신채호는 가혹한 추위에 지쳐 조선 솜을 두텁게 넣은 옷을 넣어달라고 청했다. 신채호와의 연락은 1931년까지 닿았다. 1934년 『신가정』에서 박자혜의 집을 방문했을 때 박자혜는 신 선생이 자기를 오해하고 계신 것 같다며 3년 동안 서신이 끊어진 사연을 털어놓았다. 신채호는 옥중에서 한 달 벌이보다 훨씬 비싼 『국조보감』과 서양 역사책 등을 부쳐달라는 부탁을 했다고 한다. 박자혜는 50원이나 하는 『국조보감』을 살 수 없었다. 산파원의 영업이 어느 정도 된다고 가정했을 때 한 달 수입은 대략 40원이었다. 그렇지만 산파원이라는 간판을 내걸고도 세 식구의 목숨을 부지하기도 힘든 형편이었으므로 그 비싼 책을 살 수 없었다. 안재홍에게 부탁했지만 끝내 안재홍도 그 책을 보내지 못했고, 그 이후로 소식이 끊어졌다고 한다. 박자혜는 끝끝내 죄스러워했다.

1936년 2월 18일 신채호가 감옥에서 쓰러졌다. 장남 수범 앞으로 "신채호 뇌출혈로 의식불명 생명위독"이라는 전보가 날아오자, 박자혜는 아들을 데리고 뤼순으로 갔다. 도착했을 때 신채호는 이미 의식이 없는 상태였으며, 곧 숨을 거두었다. 1936년 2월 21일이었다. 박자혜는 2월 24일 신채호의 유해를 모시고 열차로 돌아왔다. 경성역에는 여운형, 안재홍, 정인보, 원세훈, 김약수 등 많은 지인이 나와 추모했다.

신채호가 세상을 떠난 후 박자혜의 삶은 더욱 어렵고 고독했다. 산파원에는 손님이 아예 찾아오지 않았다. 신채호 살아생전에는 그의 소식이 오려니 하며 산파원을 들여다보거나 산파원에서 기다리는 이도 있었지만, 신채호 사후에는 가끔 들르던 사람들의 발길마저 뜸해졌다. 1943년 박자혜는 셋방에서 쓸쓸히 숨을 거두었다.

통상 독립운동사는 남성들의 활동을 중심으로 서술되어왔다. 그런 탓에 이들이 활동하는 데 중요한 역할을 했던 아내들의 활동은 오랫동안 외면받았다. 2018년이 되어서야 이회영의 부인 이은숙이 공훈을 인정받은 것도 그와 같은 이유에서였다. 하지만 일제 강점기 동안 하루도 빠짐없이 폭탄을 던지고 전투를 하고 시위를 한 것은 아니었다. 대부분은 준비 기간이었고, 생업이 없는 독립운동가들에게 독립운동, 민족운동이란 살아남는 것 그 자체였다고 해도 과언이 아니었다.

신채호와 결혼한 후 박자혜는 아이들을 키우며 그를 경제적으로 지원하는 한편 간접적으로 독립운동에 참여했다. 독립운동가 가운데에는 정신적 지지와 지원을 넘어서 독립운동의 기반이 되는 가족을 곁에 둔 이들이 있다. 박자혜 역시 부재한 남편을 대신해 직업적 능력을 발판으로 하여 경제활동을 하면서 가장의 역할을 했고, 가정이 깨지지 않도록 하는 재생산 노동과 돌봄 노동에 주력한 인물이었다.

3·1운동에 동참하기 전의 박자혜는 열혈의 독립운동가의 모습보다 근대교육의 혜택을 받고 선도적 삶을 살아가는 여성의 모습에 더 가깝다. 변화의 시대 속에서 일상의 고단함을 겪으면서 생계를 이어가던 한국인들은 1919년 3~4월에 벌어진 다양한 저항을 경험하면서 정치적으로 각성하게 되었다. 3·1운동을 외면했더라면 박자혜의 삶은 일제가 주도하는 세계 속에서 평온했을지도 모른다. 하지만 3·1운동으로 그의 인생행로는 바뀌었다. 일본 경찰의 매서운 감시도 피하고 의학공부도 계속할 겸 베이징으로 갔지만, 독립운동가 신채호를 만난 뒤부터는 그의 고단한 삶에 함께했다. 박자혜가 한참 연상에 경제적으로 무능하고, 무능해야만 했던 신채호를 선택한 것은 사회활동을 하며 직업여성으로 살아온 그간의 삶의 연장선상이었던 것은 아닐까? 박자혜는 3·1운동에 참여하면서 안정적인 자리를 박차고 나와 신채호의 민족운동에 공명할 수 있었다. 그것은 평생을 자신의 의지에 따라 자신의 능력으로 살아온 박자혜였기에 가능한 선택이었다.

참고문헌

『황성신문』·『매일신보』·『동아일보』·『신가정』·『삼천리』·『별건곤』·『나라사랑』.
경기도 경찰부, 『사찰휘보』.
독립운동사편찬위원회, 『독립운동사: 3·1운동』 2권, 1971.
박윤재, 『한국 근대의학의 기원』, 혜안, 2005
박자혜공적조서.
숙명여자중고등학교, 『숙명70년사』, 1976.
숙명오십년사편찬위원회, 『숙명오십년사』, 1956.
여성동아 편집부, 『아아 三月』, 1971.
윤정란, 「일제강점기 박자혜의 독립운동과 독립운동가 아내로서의 삶」, 『이화사학연구』 38, 2009.
이꽃메, 「일제강점기 산파 정종명의 삶과 대중운동」, 『의사학』 21-3, 2012.
이꽃메, 「한국 근대의 산파이자 간호부의 삶」, 『의사학』 15, 2006.
이꽃메, 『한국근대간호사』, 한울, 2003.
임중빈, 『선각자 단재 신채호』, 단재 신채호선생 추모사업회, 1986.
조선총독부, 『관보』.
홍순민, 「조선시대 궁녀의 위상」, 『역사비평』 68, 2004.
홍순민, 「조선시대 여성의례와 궁녀」, 『역사비평』 70, 2005.

찾아보기

ㄱ

간우회 259
간호부규칙 248
간호원양성소 15
갑오개혁 198
강기덕 29
강련화 187
강원영 251
강조원 35, 100, 101
개성난봉가 136, 147
걸인독립단 184
경남독립회 191
경성고등법원 53, 55
경성여자청년회 261
경하순 39, 124
고경상 120
고려공산당 상하이지부 126
고명우 53, 77
고명자 142
고비연 187
공창제 201
광교조합 177
교방사 198
국민보도연맹 155
국채보상운동 204
국회프락치사건 155
권국빈 120
권명범 35, 103

권애라 35, 90, 102, 105, 112, 116, 135, 153, 162
권태신 90
극동민족대회 126~128, 131, 134, 140
근화여학교 118
근화회 71, 72
기생단속령 198
기생조합규약표준 200
김구 155, 159
김구례 15, 59
김규식 27, 99, 131, 135, 154
김금옥 262
김낙희 62
김낸시 35, 103
김노적 171
김단야 131
김달환 259
김덕성 22
김두봉 160
김마리아 125, 261
김명선 85
김미렴 28, 49
김봉년 139, 148, 151, 152
김붕준 57
김상옥 141
김상주 135
김세라 15, 77, 80
김세환 171

김숙경 21
김순애 15, 27, 58, 59, 61
김시현 131, 136~138, 141, 149, 153
김신렬 103
김언순 12~14
김영순 20, 43, 46, 50, 53
김영오 259
김영진 135
김온순 190
김용순 14, 17
김용채 251, 259
김우영 50
김원경 38, 39, 58, 124, 126, 131, 135
김원벽 30
김원봉 136, 139, 270
김월회 190
김일엽 141
김재천 172
김정선 82
김정숙 35, 103
김정식 21
김정화 21
김지섭 270
김지환 100
김진성 172
김청풍 120
김충의 22
김태국 85
김태복 45
김필 15
김필레 14, 16, 21, 27
김필선 36
김필순 15, 17, 48, 64
김하르논 28
김함라 27, 49, 53
김향화 109, 111
김형제상회 15, 17
김활란 80
김효순 12, 261
김희열 38, 124
김희옥 124

ㄴ

나석주 270
나용균 131, 135
나혜석 22, 28, 29, 31, 50, 141
남궁혁 64
남본정예배당 187
남향동 177
노덕신 25
노동독립단 184
노백린 19
노숙경 19
노순경 261

ㄷ

다동기생조합 199
대동청년단 155
대조선독립애국부인회 38, 39, 123
대통령저격사건 156
대한국민당 155
대한민국애국부인회 38~41, 44, 46, 50, 52, 77, 123, 125

대한민국임시정부 119
대한민국임시정부 공보 121
대한민국임시정부 교통국 119
대한민국임시헌장 40
대한민국청년외교단 39, 50, 124, 125
대한민보 121
대한애국부인회 58, 123
대한의원 236
대한인여자애국단 64
대한청년 121
도인권 57
독립선언서 101, 182
독립신문 120, 202, 228
동경여자유학생친목회 21, 22, 25
동경여자학원 21
동래고등보통학교 37
동아일보 146, 262

ㄹ

로스J. Ross 11
롱희 206
류정희 35, 103

ㅁ

매일신보 171, 177, 180, 199, 201, 244, 253
매카피J. A. McAfee 66
매컬리L. H. MaCully 78
매켄지W. J. Mackenzie 13, 14, 16, 79
매큔G. S. McCune 55, 66
매킨타이어J. McIntyre 11

멘지스Miss belle Menzies 228
명신여학교 230
블레어W. N. Blair 48
문수향 214
문향희 190
미리흠여학교 35, 103
민족대표33인 101
민족자주연맹 154, 155
민주국민당 155
밀러F. S. Miller 20
밀러L. D. Miller 48

ㅂ

박계양 49, 53
박금도 214
박남준 135
박두병 172
박마리아 35, 103
박봉필 149
박승명 120
박승일 28
박원순 224
박윤삼 120
박인덕 28, 29, 31, 32, 45, 71, 98
박정자 25
박진순 130
박취문 195
박치순 135
박헌영 131, 135
박현숙 162
박혜덕 261
박효삼 139

반민특위 155
방합신 10, 85
배명진 85
배재학당 15
배학복 80, 81, 85
배화여학교 228
백관수 26
백신영 46, 48, 50~54
105인사건 17
백일규 62
변매화 187
별건곤 146
보성사 35
보성전문학교 29
부벽루 203
부북일기 195
부산상업학교 37
북미대한인유학생총회 71, 76
북미정신여학교유지회 73

ㅅ

사립조산부양성소 248, 252
사이토 마코토齋藤實 112
사찰휘보 259
산파규칙 235, 245
산파시험규칙 245, 246
3·1여성동지회 148, 162
삼천리 147, 266
서간도 시종기 267
서경조 11, 12, 13, 15
서대문감옥 31, 106, 109
서병호 13, 15, 27, 57, 61

서상륜 11, 12, 14
서석의원 27
서우학회 17
성경사범학교 59
성경애 45
세브란스병원 15, 17, 38, 261, 265
소래교회 14, 16, 79
손정도 62
손정순 28
손진실 62, 71
송계백 100
송계화 187
송도고등보통학교 35
송도사개치부법 91
송진우 80
수원기생조합(수원예기조합) 168, 170, 175, 213
수원자혜의원 168
수피아여학교 20
숙명여자고등보통학교 222, 228, 231
스코필드 F. W. Schofield 47, 70
스크랜턴 Mary Fletcher Scranton 228
승동교회 120
신공량 35, 100, 102
신관빈 103, 105, 182
신구서림 174
신규식 128
신두범 269
신민회 17
신반석 82
신수범 269
신애병원 10

신여성 138, 142
신의경 20, 43, 46, 50, 53, 80
신익희 155
신준려 28, 32
신채호 267, 268
신한민보 31, 62
신한청년당 15, 27, 120
심명철 105, 110, 182
심호섭 251
쑨원孫文 128

ㅇ

아펜젤러H. G. Apenzeller 13
안공근 160
안병숙 28
안병찬 135
안숙자 28
안창호 17, 64, 128, 159, 160
알렌Horace Newton Allen 235
애국계몽운동 204
애국부인회 123, 261
어윤희 35, 102, 105
언더우드H. G. Underwood 13, 14
에비슨O. R. Avison 15
엘러스A. A. Ellers 18, 228
여성계몽운동 115
여성교육론 22
여운형 99, 131, 135
여자계 21, 28
여자시론 115
여전도회 82, 84
여준 159

여학교설치찬양회 229
연동교회 20
연동여중학교 18
연화대무 177
연희전문학교 29
영신농장 151
예수셩교누가복음젼서 11
예수셩교요한복음젼서 11
오사카마이니치신문 23
오은영 101
오일상 251
오진세 100
오학수 120
오현관 19, 38, 39, 124, 261
오현주 19, 38~41, 45, 50, 124, 261
오화영 35, 100, 101, 120
와그너E. Wagner 228
와그너Ellasue C. Wagner 104
유각경 80, 116
유건혁 135
유관순 32, 33, 36, 98, 110
유광렬 49, 91
유근수 43
유시태 155
유영준 25
유우석 36
유인경 46, 50, 53
윤세주 139
윤창석 26
윤치호 80, 247
의열단 136, 141, 149
이강래 100

이경신 103
이경지 103
이광수 22, 25
이기하 120
이도신 261
이동녕 160
이동휘 131, 135
이만규 100, 101
이명월 214
이명희 119, 120
이문회以文會, Literary Society 98
이벽도 190
이병의 120
이병철 39, 50, 125, 143, 144, 146
이병철 124
이봉근 103
이봉선 187
이상촌건설운동 64
이선애 140
이선행 69
이성광 29
이성숙 261
이성완 38
이소선 180, 191, 192
이순남 84
이승만 42, 128, 155, 269
이시영 159
이영지 35, 103
이왕직관제 226
이왕직아악부 198
이원직 120
이유필 160

이은 232
이은숙 267
이응찬 11
이자경 47, 48
이저벨라H. B. Bishop 195
이정숙 38, 41, 46, 50, 53, 124, 230, 261
이정자 29
이종률 97, 136
이종욱 39
이청천 155, 159
이탁 160
2·8독립선언 23, 27, 28, 100
이향화 35, 103
이혜경 42, 46, 47, 50, 53
이혜련 64
이화학당 19, 28, 29, 32, 97, 99, 228
이회영 267, 269
이효덕 109
일신여학교 37, 228
임명애 109, 110
임원근 135
임창준 124, 125

ㅈ

장덕수 131
장선희 38, 41, 43, 46, 50, 53, 80
장악원 198
장정심 35, 96, 103
전국연합진선협회 160
전영택 22
전택부 11

정경순 15
정광호 135
정동교회 28
정동여학교 18
정막래 180, 191, 192
정신여학교 15, 19~21, 29, 48, 50, 62, 73, 228
정의도 120
정자영 22
정종명 141, 260, 262, 265
정칠성 141
제2부인 138, 144
제중원 235
조동호 135
조산파양성소 247
조선간호부협회 260, 263
조선교육령 95, 241
조선기독교여성운동 81
조선기독교청년회관 25
조선독립동맹 138
조선미인보감 174, 175, 177, 179
조선여성해방동맹 261
조선여자교육회 115, 116
조선의용대 151
조선인유학생동우회 21
조선인유학생학우회 25
조선청년독립단 25
조선총독부의원 239, 249, 253
조선혁명당 160
조선혁명선언 270
조소앙 159
조숙경 103
조완구 160
조하서 232, 233
조화벽 35, 36, 103
종교시보 81
종교교회 119
좌우합작위원회 154
주세죽 141, 142
중외일보 77
지성연 251
지송욱 174
진명여학교 28, 29
징하이여숙 122, 125

ㅊ

차경신 58, 65
차미리사 115
차인제도 91
창기단속령 198
채필근 86
최계복 29
최매리 162
최숙자 21, 38, 39, 124
최영욱 18, 27
최옥순 103
최원효 57
최은희 162
최정숙 25
최진하 62
최창식 135
최팔용 26

ㅋ

칼라일 T. M. Carlisle 70
캐럴 A. Carrol 228
캠벨 Josephine P. Campbell 228

ㅌ

통영기생조합 191

ㅍ

파리강화회의 25, 99, 127
평양기독병원 85
평양예기조합 199
피치 G. A. Fitch 62

ㅎ

학지광 22
한국광복군 151, 160
한국광복운동단체연합회 160
한국대일전선통일동맹 160
한국독립당 159, 160
한국민주당 155
한삭평 139
한성권 67
한성창기조합 199
한신광 260, 262
한양병원 55
한인연합장로교회 65
한일부인회 230
함태영 80
해서제일학교 16

해주도립자혜병원 190
해중월 190
허경자 248
허영숙 22
허정숙 141, 142
헤이그특사사건 232
현덕신 22
현익철 160
혈성단애국부인회 38, 39, 123
호수돈여학교 35, 36, 95, 96, 99, 182, 228
홍도 135
홍면옥 173
홍순관 247
홍은희 116
황성신문 207
황실령 226
황애덕 162
황에스더 22, 25, 28, 29, 31, 32, 42, 46, 50, 52, 71, 80, 125
황에스터 261
황옥경부사건 138, 141
황혜수 62

3·1운동에 앞장 선 여성들

제1판 1쇄 발행 2019년 11월 28일

글 쓴 이 김정인 · 소현숙 · 예지숙 · 이지원
기　　획 독립기념관 한국독립운동사연구소
　　　　　 한국역사연구회 · 역사공장
펴 낸 이 이준식

펴 낸 곳 역사공간
　　　　　 주소: 03996 서울특별시 마포구 월드컵로100 4층
　　　　　 전화: 02-725-8806
　　　　　 팩스: 02-725-8801
　　　　　 E-mail: jhs8807@hanmail.net
　　　　　 등록: 2003년 7월 22일 제6-510호

ISBN　979-11-5707-207-1　93910

- 책값은 뒤표지에 있습니다. 잘못된 책은 바꾸어 드립니다.
- 이 도서의 국립중앙도서관 출판예정도서목록(CIP)은 서지정보유통지원시스템 홈페이지 (http://seoji.nl.go.kr)와 국가자료공동목록시스템(http://www.nl.go.kr/kolisnet)에서 이용하실 수 있습니다.(CIP제어번호: CIP2019049023)